2002年 サッカー・ワールドカップ必勝ガイド!!

W杯とトルシエ・ジャパンのすべてがわかる

サッカー・ライターズ［編］

21世紀BOX

introduction

ワールドカップ観戦の楽しさと感動がＭＡＸになる！

世紀の祭典、サッカーの『２００２年ワールドカップ』。日を追うごとに「いよいよ開幕！」のムードが盛り上がり、特にサッカー好きの人たちは〝落ち着かない〟毎日を送っているに違いない。いや、サッカーにあまり興味のない人でも、オリンピックと同じく４年に１度、華々しく開催され世界中の〝熱視線〟を浴びる巨大なイベントに対して「そのお祭りムードを一緒に楽しんでやろう！」と、手ぐすねひいている方は多いはずだ。

それは、大正解。サッカーは「キング・オブ・スポーツ」といわれ、ほとんどの国で〝国技〟的な人気を誇っている。５月31日の開幕を待たず、大会参加国のサポーターを先頭に、世界各国のサッカー関係者、報道陣などが大挙、日本（と韓国）に津波のように押し寄せる。そして、いざ開幕したら、古くは東京オリンピック、近年では４年前の長野冬季オリンピック、この２つのビッグイベントを

introduction

はるかに上回る〝ワクワク〟感が、日本中にみなぎるのだ。

本書には――そうした「絶対に見逃せない！」フェスティバルに参加する（むろん、その大多数はテレビ観戦をする）人たちの、楽しさや感動の度合いをぐんとアップさせる情報や知識などが、たっぷりとつめ込まれている。

サッカーとワールドカップの〝意外な〟歴史、過去の大会の激戦模様、今大会で優勝を狙える強豪国の実態、スーパースターたちの実力とその魅力、最大の注目を集める日本代表の〝本当の〟素顔、代表率いるトルシエの〝正体〟、そして、1次リーグ各組のシビアな戦いの結末はどうなるか――などなど。一般の人たちでは知ることができない、裏情報（データ）やとっておきのエピソードもふんだんに盛り込んであるので、ワールドカップ観戦の充実度はMAXになるはず。

1次リーグをクリアし、決勝トーナメント（ベスト16）入りが期待される〝トルシエ・ジャパン〟。この本をサポーター・グッズの1つにして大声援を送っていただきたい。「目標達成！」は、実現する！

c o n t e n t s

world cup ―― 2002

c o n t e n t s

c o n t e n t s

3 2002年ワールドカップの「優勝候補」

c o n t e n t s

4 2002年ワールドカップの「スーパースター」!!

c o n t e n t s

5 これが——ワールドカップに挑む「日本代表」の精鋭たち!

c o n t e n t s

c o n t e n t s

＊本文中の記録はすべて2002年2月現在

イラストレーション＝宮島弘道

【サッカー・ライターズ】
木村俊一、太田信二、加多周一、河合忍

WORLD★CUP

1
世紀の祭典！ワールドカップ——世界を熱狂させる秘密は⁉

WORLD★CUP

まずは〝サッカー〟と〝ワールドカップ〟の歴史をひもといてみよう

◉今のサッカーの母体は19世紀半ばに生まれた

サッカーは、多くの国で〝フットボール〟と呼ばれている。文字どおり、足でボールを動かす遊び（スポーツ）が、その原型だからだ。そうした足＋ボールの遊びは古くから世界各地で行なわれていたが、中世（13世紀頃）の英国で盛んだったものが、今のサッカー（フットボール）のルーツといわれている。

そのゲームのやり方は、次のようなものだった。村対村など、民衆が2手に分かれて、ボールを相手の村の特定の場所に運び込めば「勝ち！」となる。ただし、ルールとおぼしきものはなきに等しく、たとえば、人数に決まりがなかったり、手でボールを扱ってもOKだったり……。しかも、今の格闘技のようなガチガチの体のぶつかり合いや、パンチ、ヒジ打ちなどの応酬もおとがめなしという、まさに男たちの〝バトル〟だった。いうならば、乱暴きわまりない村祭りといったところ。

当然、負傷者続出はあたり前で、時には死者まで出てしまうこともあった。こうなると、民衆の〝楽しみ〟に対して口を出していなかったお上《かみ》も放ってはおけず、14世紀の初めには国王の禁止令が出たほどだという。

時代がくだるにしたがって、激しさも抑えられていき、そして、各地それぞれにゲームとしてのルールも形作られていった。やがて、各地でまちまちだったルールを一本化させて対抗試合をできるようにしよう、という気運が盛り上がる。

そこで、1863年に、ロンドンでルール統一の会合が開かれた。話し合いの最大の対立点は「手でボールを扱ってもよいか否か」である。足オンリー派と手もOK派は一歩も譲らず、ついには投票で決着をつけることに。結果は〝足派〟が多数を占めて、ここに現在のサッカーのルールの母体が誕生した。もうおわかりのように、敗れた〝手もＯＫ派〟は、その後、ラグビーを生み出していく。

いずれにせよ、英国（イングランド）が「サッカーの母国！」といわれるのは、以上のような歴史をもつからである。

◉ワールドカップは世界中を熱狂させる！

当時の英国は、世界ナンバー１の大帝国。その帝国主義には、むろん大きな負の側面はあったが、大規模な海外進出にともなって、サッカーは英国からまたたく間に世界中に広まっていった。ボール１個があれば他の用具はほとんどいらず、誰もがちょっとした広場で楽しめるスポーツ。しかも、ルールはいたってシンプルで、見ているほうも、その意外性とスピード感でエキサイトできる。

やるスポーツ、見るスポーツ、両方の魅力がたっぷりつまったサッカーは、大衆にもっとも愛される〝キング・オブ・スポーツ〟となっていった。サッカーは、英国の歴史上「輸出品として最高の商品」などと称されているほどだ。

さて、世界のサッカーを統括するコントロールタワーが、FIFA（フィファ＝国際サッカー連盟）である。FIFAは1904年、フランス、スペインなどヨーロッパの7カ国の代表がパリで組織化を話し合い、発足した。それ以降、世界各国のサッカー協会が続々と加盟し、現在の加盟国・地域はなんと204。この数字は、国際連合の加盟国数をゆうに上回る。キング・オブ・スポーツの1つの証明だ。

そして、プロ・アマを問わないサッカーの世界〝最強国〟を決めるのがワールドカップ（W杯）で、第1回大会は1930年、南米のウルグアイで開催された。その後第2次世界大戦による中断があったものの、戦後は回を追うごとに規模と人気をぐんぐんと高めていったのである。

皆さんもご存知のように、ワールドカップは4年に1度、オリンピックの中間年に本大会が行なわれる。よくいわれるように、スポーツの国際大会としては規模などで、オリンピックをもしのぐ巨大なイベントなのだ。

本大会へのキップをめざす、各地域の予選は足かけ2年をかけて実施され、今回の

2002年大会の予選には195の国・地域が参加。32カ国の出場枠のうち、自動的に出場できる前回優勝国（フランス）と開催国（日本と韓国）を除く29のイスをめぐって、世界中で真剣勝負が行なわれた。めでたく出場権を獲得した国では、その瞬間、まるで国をあげてのお祭り騒ぎ。逆に、最後の最後でキップをとりそこなった国の人々は、しばらく立ち直れないくらいの落ち込みよう。このように、世界の多くの国ではサッカーは生活の一部になっているのである。

◉世界最高のイベント、それがワールドカップ

オリンピックを開催するのは都市であり、大会の期間も2週間ほどだが、ワールドカップのほうは国が開催して各地のスタジアムで試合が行なわれ、期間も1カ月の長丁場だ。したがって、開催国に対する世界の注目度はオリンピック以上となり、今回、日韓にとっては自国のイメージアップにつながる絶好の機会でもある。

ところで、ワールドカップの歴史をながめてみると、サッカーというスポーツがい

かに人々を〝熱狂〟させるかがわかって面白い。たとえば、本大会の期間中、次のようなことが実際に起こっているのである。

◎ヨーロッパや南米の「サッカー大好き国」では（なかでも自国が出場している国では）、期間中に経済活動が目に見えて停滞するという。試合のテレビ中継をナマで見るために、きわめて多くの人たちが仕事を休む現象が起こり、国の生産性がガクンと落ちてしまうからだ。日本でも、前回'98年のフランス大会では、日本の初出場を現場フランスで観戦しようと、なんと会社をやめる人が続出して話題になった。

◎政治の世界でも〝異変〟が発生する。自国の試合中継が議会の審議時間と重なる場合、本業の議会を延期する国があるのだ。サッカーフリークの政治家が多いからだが、国民のほうもあまり文句はいわない。'90年イタリア大会決勝（西ドイツ対アルゼンチン）の際、当時の西ドイツのコール首相が、サミットに遅刻するという挙に出てまでスタジアムに足を運び、自国の優勝に大喜びしたのは有名な話だ。日本の首相がそんなことをしたら、支持率は急落か。

◎先にも少しふれたが、サポーター（ファン）の興奮ぶりも並たいていではない。自国が勝てば大群衆が街にくり出して、花火を打ち上げるわ、国旗を振り立てクラクションを鳴らして走り回るわ、の混乱状態。もしも負けた場合には、へたをすると暴動や略奪行為が起きたり、ショックのあまり心臓マヒで息絶える人や自殺者まで出る国も少なくない（敗戦のショックで気を失う人は多すぎるので、そうした国ではマスコミの話題にもならない……）。

いかがだろう。サッカーのことを「大衆を迷わせる麻薬のようなもの」と断じる言葉があるくらいなのだが、人々の実際の熱狂ぶりを目の当たりにすると、その見方も当然のように思えてくる。

ワールドカップの〝実像〟をいろいろな角度から浮き彫りにしてみよう

◉ピッチに立つと魂が揺さぶられてしまう

ワールドカップの〝すごさ〟や〝影響力の大きさ〟とは、どれほどのものなのか——。その点について、これまでの話である程度、理解していただけたと思う。

この項では改めて、ワールドカップの、その〝実像〟をさまざまな観点からお伝えしていきたい。まずは、ワールドカップという大舞台に登場する選手たちが、ワールドカップをどうとらえているか、を見ていくことにする。

サッカーの王様の称号をもつブラジルのペレ。マラドーナ（アルゼンチン）と並ぶサッカー史上、最高のプレーヤーの1人だ。ワールドカップについて語った、彼の次の言葉を読んでいただきたい。

「ワールドカップは、人と人とのつながりを築くことのできる、地球上で最高のイベントだ。そして、ワールドカップのピッチに実際に立つと、有名・無名に関わらず、どんなプレーヤーも〝熱いもの〟を感じてしまう。サッカーに打ち込んできた者の魂が揺さぶられるのだろうか」

次は、'98年フランス大会に出場した日本代表・城彰二選手のコメントだ。日本選手の中では強気で知られるＦＷである。

「１次リーグの第１戦、対アルゼンチンまでは、ワールドカップとはいってもそれほどのプレッシャーもなく、平静でいられたのだが、いざピッチに向かって入場する時になると、途端にサーッと鳥肌が立ってしまった……」

ペレと城選手は２人とも、しめし合わせたような感想（感動）を述べている。

ワールドカップに出場できるプレーヤーの多くは、たしかに、次のような〝打算〟を抱いていることは間違いない。

「ワールドカップには世界中の注目が集まり、ヨーロッパなどの強豪クラブのスカウトはいい選手を見つけようと目を光らせている、ワールドカップで活躍し実力が認められれば、強豪クラブへの移籍も可能。そうなれば、富と名声が一挙に手に入る。ワールドカップはステップアップの場だ」

これは、プロとして当然の考え方である。しかし、それを超えて、先の2人のようにピッチに立つと、魂が揺り動かされ感動するのがサッカーのプレーヤーなのだ。だからこそ、見る者ものめり込んでしまうのだろう。さて、もう1つ、世界的なスポーツマンのコメントをご紹介したい。陸上のカール・ルイス（アメリカ）。9個の金メダルを獲得した〝20世紀のミスターオリンピック〟である。

「オリンピックとは、人生で目標をもった人々が最後に全力を出し切って、目標を達成しようとする場所。したがって、全員が、それぞれ達成感という金メダルを手にして帰っていく」

オリンピックをワールドカップに置き換えても、まったく同じことがいえるのではないだろうか。1次リーグで敗れ去っても、栄光の優勝メンバーになっても、すべてのプレーヤーは大きな仕事を成し遂げたのである。少々、先回りするようだが、2002年大会で日本がどのような成績を残そうとも、まずは、彼らの健闘を讃えるというスタンスをもちたい。日本はまだ、サッカー途上国なのだから。

◉人々の〝友好〟にサッカーも貢献

ワールドカップは歴史上、オリンピックと同じく政治の影響を強く受けてきた。第2次世界大戦前が特にそうなのだが、開催国の権力者たちがワールドカップを、そのイメージアップや国威発揚に利用したケースは少なくない。

現実に、そうしたマイナス面はあるものの、ワールドカップのスタートには本来、「スポーツ（サッカー）を通じて世界の友好に貢献したい」という理想・目標がこめられていたのである。

FIFA（国際サッカー連盟）の第3代会長で、ワールドカップの創始者であるフランス人のジュール・リメ（1873〜1956年）。弁護士の彼は若い頃、政治家を志していた。その志向性もあって、もともと彼には「サッカーは政治以上のことができるはず」という思いがあった。そして、第1次世界大戦に従軍した折り、悲惨な状況を目の当たりにして「サッカーを通した友好の促進」の必要性を確信したという。

ワールドカップ提唱のベースは、この理想なのである。

オリンピックと同様、理想は現実におされて容易に具体化はされない。しかし、サッカーはこれまで、数は多くはないが何度か、政治による国同士の亀裂の修復に一役買ってきた。好例は次の2つ。

◎'91年、U—20（20歳以下）のワールドカップであるワールドユースに、韓国と朝鮮民主主義人民共和国（北朝鮮）が統一チームで参加。

◎厳しい対立を続けていたアメリカとイランが、'98年フランス大会で対戦。スポーツマンシップにのっとったゲームをしたことが、その後の関係改善の呼び水の1つになった。

このような貢献も手伝って、'01年〝サッカー〟はノーベル平和賞の候補にノミネートされたのである。その推薦者はこう語っている。

「サッカーには世界を束《たば》ねる強い力がある」

今回の2002年大会はワールドカップ史上、初の共催。日本と韓国による共催はFIFA（国際サッカー連盟）の妥協の産物・苦肉の策というのが実際のところだ。そうした経緯はあるが、日韓両国には今「ワールドカップ成功に向けた協力・親善を長年の対立の解消に役立てよう」との声が高まっている。それを現実にして、先に述べたジュール・リメの理想や「サッカーの世界を結ぶ強い力」を証明したいものである。それは、可能なはずだ。

◉ワールドカップは正真正銘の〝怪物〟だ

ワールドカップの、イベントとしての巨大さを〝数字〟を手がかりにして明らかにしていきたい。

最初は、世界のテレビ視聴者数である。近年の推移は次の通り。

●'86年メキシコ大会＝約135億人
●'90年イタリア大会＝約267億人
●'94年アメリカ大会＝約321億人
●'98年フランス大会＝約334億人

'98年大会の数は'86年の約2・5倍。これは、その道のプロが見ても驚くべき増加率だろう。しかも、'66年イングランド大会以降、テレビ視聴者数は常に、オリンピックのそれを上回っているのだ。

次は、テレビの放映権料（収入）について。まずは次の、ワールドカップ（上）とオリンピック（下）の比較を見ていただきたい。

●'90年イタリア大会＝約67億円　↕　'92年バルセロナ大会＝約763億円
●'94年アメリカ大会＝約78億円　↕　'96年アトランタ大会＝約1077億円

●’98年フランス大会＝約95億円　⟷　’00年シドニー大会＝約１５９７億円

一目でおわかりのように、ワールドカップの放映権料はオリンピックと比べて、信じられないほど低い。その理由は、ＦＩＦＡ（国際サッカー連盟）が「テレビはサッカーの魅力を世界に広めるパートナー」と位置づけ各国の放送界、特に公共放送を優遇して放映権料を抑えたからである。

しかし、ワールドカップはすでに’80年代から巨大ビジネス。ＩＯＣ（国際オリンピッ委員会）の徹底した商業主義の後を追うかのように、ＦＩＦＡは２００２年大会からビジネスに徹する方針をとった。で、放映権料は’98年の約95億円から、なんと驚くなかれ、約９２３億円へとハネ上がったのだ。このような急変ぶりには各方面から批判の声があがったが、ことの是非を別にすれば、ワールドカップの商品価値は天井知らずといえるほど高い、ということなのである。

ワールドカップ体験&観戦!こんな見方をすれば楽しさはぐんとアップする

◉スーパースター、クライフの言葉をかみしめよう

ワールドカップは、まさに世紀の祭典である。それが日本で開催されるのだ。大げさに聞こえるかもしれないが、まずはその事実に感動すべきではないだろうか。

かつてのスーパースター、オランダのクライフもこう述べている。

「日本の皆さんにとって、自国でワールドカップが開催されるという貴重な経験は、たぶん、一生に1度のことだろう。それくらい、多くの国がワールドカップの開催を強く望んでいるのだ。皆さんには、日本代表への応援に加えて、ワールドカップを運営できること自体に喜びを感じてほしい」

5月31日の開幕が近づくにしたがって、華やかなムードはぐんぐん盛り上がっていくだろう。祭り特有の〝高揚感〟に素直に身をまかせて、クライフのいう「一生に1度」の国際的なハレの舞台をエンジョイしようではないか。

それでは次に、ワールドカップ観戦をより楽しくするための、いくつかの具体的なアドバイスを――。

①幸運にも（?）スタジアムでの観戦ができる場合は、できるだけ早くスタジアムに足を運び、試合前からの〝騒ぎ〟に参加するべきだ。超満員のスタジアムでJリーグの試合を見た経験のある人も多いと思うが、サポーターの応援合戦やゲーム中の観客の息づかいなど、ワールドカップのそれはJリーグの比ではとうていない。掛け値なしで「鳥肌が立つ」こと、うけあいである。

②スタジアム観戦では、ボールの動きばかりを追わないこと。特に、高い位置の席だとピッチ全体を見渡せるわけだから、その利を活かして時々、ボールの動きから視点を動かし、たとえば、ボールのないところでのFWとDFのせめぎ合いを見たり、

ＤＦたちのラインの上げ下げをチェックしたり、あるいは、ＭＦの緩急をつけた動きを見たりしてほしい。そうすれば、世界的なプレーヤーたちのボールテクニックの見事さだけではなく、サッカーの奥深さやワールドカップのレベルの高さを、実感できるはずである。

◉「質の高い」いい試合をどう見つけるか

③ほとんどの人は、テレビ観戦ということになるだろう。まず、生中継では臨場感にひたるのを第１に考えて、ゲームの流れや勝敗のゆくえに素直に一喜一憂したい。ただし、お目当ての試合の場合は録画をしておいて後日、自分なりにポイントを絞っての再チャックをおすすめする。早送りや巻き戻しを駆使して、お気に入りの選手を追ってもよし、得点シーンに繰り返しタメ息をもらしてもよし、はたまた、やや専門的に、ゴールにつながる前の何本かのパス交換の美しさを再現したり、セットプレー（コーナーキックやフリーキック）にこだわって、そのバリエーションを

検証してもよし。いずれの場合も、新鮮な発見があるだろう。

④テレビ中継につきものなのが〝アップ〟である。ファウルを受けたプレーヤーが相手につめ寄るけわしい顔。ゴールを決められた瞬間のゴールキーパーの無念の表情。ベンチで戦況を見つめる監督の口元に走る緊張感。交代を告げられたプレーヤーの悲しげな目、などなど。アップはピッチ上で繰り広げられる人間ドラマをストレートに伝えてくれる。しかも、国の威信を背負った戦いであるワールドカップともなると、プレーヤーたちの意気込みはふだんの試合とは格段に違う。つまり、アップが映し出す喜怒哀楽は大げさにいえば、彼らの魂の叫びなのだ。いかがだろう。テレビ中継のアップを見逃す手はない、と思うのだが。

⑤ワールドカップ出場国は最低でも、1次リーグで3試合を行なう。そして、1次を突破すると一発勝負の決勝トーナメントへ進み、決勝か3位決定戦まで駒を進めた国は最大の7試合をこなすことになる。これは、かなりのハードスケジュールだ。その結果、準決勝や決勝はいかに強豪国が登場しても、連戦の疲労もあって「質的

にはいまひとつ……」のゲームになることが少なくない。それでは〝質の高い〟試合は、どの段階のものなのだろうか。まず、1次リーグの中ではどの国であっても、初戦ははずしたい。プレッシャーも大きく、とりあえずは「負けない」のを目標にするからだ。質の高い試合が期待できるのは――初戦で勝ちをおさめた国の第2戦である。勝ち点3を獲得した余裕と、第2戦で勝ちを握れば1次突破の上位2チームに入るのは確実という士気の高まりが相まって、チーム本来の力がなめらかに表現できるからである。それが強豪国であれば当然、期待値はより高くなる。そして、決勝トーナメントでは1回戦の、ベスト16同士の戦いがおすすめだ。「各国　共通の目標」である1次クリアを果たし、4試合目とまだチームの疲労もあまり蓄積していない状況で、勝てばワールドカップの歴史に「強豪国の1つ」としてしるされるのだ。どの試合も必見、といってよい。

最後に、文豪ヘミングウェイの言葉を記しておきたい。

スポーツは公明正大に勝つことを教えてくれるし、
また、スポーツは威厳をもって負けることも教えてくれるのだ。
要するに、スポーツはすべてのことを
つまり、人生を教えてくれる。

スポーツの意義・本質をいいあてているのではないだろうか。
そして、ワールドカップのすべての試合が私たちに「人生を教えてくれる」ことを
願いたい。いや、必ずそうなるはずである。

WORLD★CUP

2 ワールドカップ過去16大会をプレイバック！

WORLD★CUP

◉第1回・ウルグアイ大会——1930年

サッカーの歴史に永遠に刻まれる〝第1回大会〟の開催地は、南米の小国ながら当時、強豪国の一角を占めていたウルグアイ。独立100周年の記念イベントにすべく、政府は参加国の旅費や滞在費の負担を確約するなど、すさまじい熱意で名誉ある開催権を獲得した。しかし、欧州からの参加はフランスなど4カ国。当時、南米への船旅は3週間もかかる〝負担〟の大きいもので、さらに、欧州の各クラブが中心選手を約2カ月も手放すのを嫌ったこともあって、欧州勢の不参加が目立ったのである。

大会は、この欧州4カ国に北中米・南米の9カ国を加えた13カ国で行なわれ、開幕戦はフランス対メキシコ。フランスが4—1で勝って、ワールドカップの〝初勝利国〟の名誉を担った。決勝は地元ウルグアイと南米の一方の雄アルゼンチンが相まみえ、4—1の大差でウルグアイが初代チャンピオンの座へ。大会は観客動員や収益などで大成功となり、予想どおり、サッカーの人気を証明した。

◉第2回・イタリア大会――1934年

この大会から出場権を得るための〝予選〟が実施され、32カ国がエントリーした。ただし〝サッカーの母国〟イングランドの不参加、前回優勝のウルグアイが自国大会への欧州勢の非協力に反発してボイコットするなど、今回も問題を抱えた大会となった。それに加え、政治色が濃いのも特徴。開催国イタリアの独裁者ムッソリーニが、ワールドカップを国威発揚などに利用しようと奔走、巨費を投じてのスタジアム建設はもちろんのこと、イタリア優勝のために、強豪国アルゼンチンからイタリア系の有力選手を強引に自国メンバーにするといった禁じ手まで使った。

16カ国の争った大会は、戦力充実のイタリアと、チェコスロバキアやハンガリーなど欧州サッカー界で実力を見せつけていた中欧勢が軸となって進む。決勝のイタリア対チェコスロバキアは、地元の利を活かし切ったイタリアが2―1で試合終了を迎え国民とムッソリーニの期待に応えたのである。

◉第3回・フランス大会——1938年

第2次世界大戦前夜——ナチスドイツは大会3カ月前にオーストリアを併合していた。ドイツは前回大会、3位決定戦でオーストリアを破っている。当然のように、ドイツは実力国オーストリアの主力を代表に加えた（が、連係不足もあって1回戦で敗退）。また、前回覇者のイタリアは、ムッソリーニの強力なサポートによって力を維持し連覇が目標。そのもくろみどおり、イタリアは決勝でハンガリーを下す（スコアは4—2）。このような政治的な暗い影に差した、一条の光がブラジルの活躍だ。

過去の2大会では本来の力を発揮できず、上位に名を連ねることはできなかったが、今大会はその芸術的・曲芸的なテクニックを存分に披露し、サッカーの楽しさを観衆に見せつけながら勝ち上がっていった。ただし、準決勝の対イタリア戦でエースを決勝に備えて温存する〝自信〟が裏目に出て、1—2の惜敗。イタリアV2のフォロー役になってしまったが、サッカー王国ブラジルの第1歩となった。

◉第4回・ブラジル大会――1950年

オリンピックと同様、第2次世界大戦のために中断を余儀なくされていたワールドカップ。12年間という長い空白をへて、戦争のダメージの少なかった南米ブラジルで再スタートを切った。戦後まもなくの混迷もあって出場辞退国が多かったが、今大会にはついに、イングランドが〝孤立主義〟を捨てて登場。しかし、サッカーでは弱小国のアメリカに敗れる「世紀の大番狂わせ!」に泣くなど、期待を裏切って早々と敗退。サッカーの母国のプライド回復には、長い年月がかかることになる。

地元ブラジルは前回大会以上の強さを見せた。いや、まさに圧倒的な強さといってよく、1次リーグ3試合は2―0、4―0、2―2、この大会のみの変則的な決勝リーグでは7―1、6―1。そして、ウルグアイとの決勝リーグ最終戦――引き分けでも優勝だったのだが、よもやの逆転負け(1―2)。ブラジル国内は悲しみに打ちひしがれ、自殺者まで出るという事態となった……。

◉第5回・スイス大会——1954年

第2次世界大戦の痛手から、各国が立ち直りつつあった時期にあたる今大会、敗戦国の東西ドイツや日本がやっとFIFAに復帰し、サッカー界も正常な姿に戻っていく。大会前の予想では優勝候補として、前回チャンピオンのウルグアイの評価が高く、その対抗馬と目されたのが東欧のハンガリー。当時、欧州で無敵といわれるほどの強さを誇り、ゲームメーカーのプスカシュがリードするチームは心・技・体のすべてでハイレベルを維持していた。両国が激突した準決勝は事実上の決勝とされ、延長になだれ込む熱戦の末、4―2でハンガリーが頂点をめざすことになった。

決勝の相手は西ドイツ。その頃の西ドイツはさほど評価の高い国ではなく、1次リーグではハンガリーに大差でしりぞけられていた。当然、前評判は圧倒的にハンガリー。が、西ドイツはリードされながらも信じられないような粘りを見せ、逆転で勝利(3―2)。後の代名詞〝ゲルマン魂〟を世界に示したのである。

◉第6回・スウェーデン大会――1958年

スウェーデン大会では、2つの国が光を放った。それはフランスとブラジルである。まず、フランスは前評判は低い扱いだったのだが、いざフタをあけてみると司令塔のコパ、FWフォンテーヌが素晴らしいコンビネーションでゴールを重ねていき、チームも勢いに乗って3位の好成績を残した。

一方のブラジル。レベルの高い選手をそろえた上に、4―2―4システムという当時では斬新な戦術によって、中盤に厚味をもたせた流れるようなサッカーで勝ち進む。そして、忘れてはならないのがペレの出現だ。その後〝サッカーの神様〟と呼ばれる、17歳の天才は1次リーグ2戦目に登場するや、人間技とはとうてい思えないボールテクニックや緩急自在のパスワークでセンセーションを巻き起こした。ブラジルはまったく危なげなく勝ちを重ねていき、決勝ではペレの芸術的なゴールも含めて5―2でスウェーデンに圧勝。第1次黄金期に、ブラジルは突入した。

◉第7回・チリ大会――1962年

結論を先にいうと、この'62年もブラジルの大会だった。サッカー王国の称号を不動のものにする2連覇である。さて、ブラジル以外で注目を集めたのは、ソ連とチェコスロバキア。ソ連は2年前に行なわれた欧州選手権のチャンピオンで、組織力をベースにした堅実さが際立《きわだ》つチームだ。特に、守備力に定評があり、その中核であるGKのヤシンは今でも、多くの人に「史上ナンバーワンGK」と讃えられている。が、残念ながら、地元チリに準々決勝で敗れてしまう。

チェコスロバキアは、個人技もさることながら身体的なタフさも武器に、負けないサッカーで勝ち上がり、ついにブラジルと王座を争うことになった。先制点をあげ、いいゲーム展開だったが、ブラジルに後半に逆転され（1―3）、夢はかなわなかった。ブラジルはペレが1次リーグの途中から、ケガで戦列を離れたものの、ガリンシャなど他国がうらやむ才能たちが「ペレ不在」を感じさせなかった。

◉第8回・イングランド大会——1966年

「ワールドカップでの最高成績はベスト8」——多くの国にとって、この記録は名誉である。しかし、サッカーの母国のプライドをもつイングランドにとっては、不名誉に他ならない。地元開催の今大会、優勝は至上命題だ。MFボビー・チャールトンを中心にツブぞろいの選手を本大会までに鍛え上げたイングランドは、順調に白星を重ね西ドイツとの決勝を迎える。延長に突入し、FWハーストのシュートがクロスバーをたたいたあと真下に落ち、西ドイツDFがクリア。主審はゴールを認めたが、きわめて微妙な判定で、いまだに「ゴールラインは割っていない。世紀の誤審だ」とする向きが多い。が、このゴールが決め手となって、イングランドは4—2で王座へ。

さて、3連覇の偉業に挑んだブラジルは、全盛期のペレ（25歳）を擁し、関係者もその可能性を語っていたが、ペレが各国DFのラフプレーによってつぶされ、よもやの1次リーグ敗退。勝利至上主義が、ペレという華を折ってしまった。

◉第9回・メキシコ大会——1970年

前回大会の1次リーグ敗退の屈辱を、王様ペレ率いる王国ブラジルが、パーフェクトに晴らしたのがメキシコ大会である。タレント軍団という言葉があるが、当時のブラジルがまさにそれで、アンケートなどで「史上最高のチームは？」の問いに「'70年のブラジル」と答える専門家やファンは数多い。美しさと強さを兼ね備えたサッカーを披露し、なんと全6試合に勝ちを収めて、初の〝優勝3度〟を果たしたのだ。

西ドイツも大会を大いに盛り上げたチームである。準々決勝の対イングランド戦は緊迫したシーソーゲーム。これを3―2で乗り切って、イタリアとの準決勝に臨んだ。欧州の強国同士の戦いはワールドカップ史上、名勝負に数えられる激闘となる。延長の末、3―4でイタリアに敗れたが、リードされ崖っぷちに追い込まれても驚異の精神力で追いつくという、西ドイツの〝ドラマ性〟は世界に感動を与えた。疲労こんぱいのイタリアは、ブラジルとの決勝はなすすべなく1―4でホイッスルを聞く。

◉第10回・西ドイツ大会——1974年

'70年大会の優勝を花道に、代表から引退したペレ。ワールドカップのスーパースター、ペレの後継者が2人登場した。オランダのクライフと西ドイツのベッケンバウアーだ。オランダは〝トータル・フットボール〟と称される「全員攻撃・全員守備」の戦術を掲げ、きわめて質の高いサッカーで相手を圧倒し「優勝間違いなし」の声が広がった。クライフは豊富な運動量で、ゲームを作り得点もあげるという〝全能者〟のごとき活躍を見せた。一方のベッケンバウアーも、DFながらゲームメークも務めるリベロの理想像を体現し、チームを決勝まで導く。その西ドイツ対オランダの決勝。クライフをマンマークし、十分な仕事をさせなかったDFフォクツの貢献もあって、西ドイツが2—1の逆転勝利で2度目の世界チャンピオンについた。

オランダの戦術は、現代サッカーの特徴の「攻守の切り換えの早いコンパクトなサッカー」の原型といわれ、当時は「革命的なサッカー」と賞讃されていた。

◉第11回・アルゼンチン大会――1978年

南米サッカーをブラジルとともにリードしてきたアルゼンチンが、ようやく手にした開催権。しかし、当時の独裁的な軍事政権の評判はすこぶる悪く、人権団体などが各国にボイコットを呼びかけたほど。そうした中、有形無形のプレッシャーを受けながら大会に臨んだアルゼンチンは、やや苦しみながらも調子を上げていく。かつてアルゼンチンはラフなプレーが目立つチームだったのだが、今回は個人技とコンビネーションを前面に押し出し、得点王となったケンペスの爆発力が加わってファイナルへ。相手は前回、旋風を起こしたオランダ。クライフを欠いてはいたものの、前回の主力が数多く残っており、実力的にはアルゼンチンとほぼ互角である。が、地元の熱い声援を受けてケンペスが貴重な得点をあげ、3―1で念願の初優勝を遂げた。アルゼンチンのスタジアムに特有の、無数の紙ふぶきが乱舞する中で「6番目の優勝国」は歓喜のビクトリーラン。政府高官たちは胸をなでおろしていたという……。

◉第12回・スペイン大会——1982年

この大会から出場国の枠が16から24に増え、ワールドカップがより〝ビッグビジネス〟となった（なお、今大会からＰＫ戦による決着も採用された）。優勝候補ナンバーワンはブラジル。ＭＦ陣にジーコ、ソクラテスら傑出した人材が並び、その〝黄金の中盤〟のパスワーク、構成力は「優勝は当確」を思わせた。前回覇者のアルゼンチンも充実の戦力から優勝候補にあげられ、また、若き天才マラドーナの初見参も注目を集めた。ところが、１次リーグを３引き分けでやっとクリアしたイタリアが、２次リーグでＶ候補の両国を引きずりおろすことになる。

アルゼンチン戦はお得意のシビアな守備でマラドーナをシャットアウト（２—１）。ブラジル戦では支配されたゲームをカウンター攻撃でものにした（３—２）。その余勢をかって準決勝は２—０でポーランドを下し、決勝は西ドイツを３—１でつき放して、ブラジルに続く〝３度目の優勝〟の勲章を手にした。

◉第13回・メキシコ大会——1986年

マラドーナがアルゼンチンの天才から、ペレと並ぶ「特別な存在」となった大会である。そのボールテクニック、自在のパスは一流のプロすらタメ息をもらすほどのレベル。そして、イングランドとの準々決勝で伝説を残す。まず〝神の手〟として知られるハンドによるゴールでずる賢さを、さらに、自陣からのドリブルで相手をもて遊んだ〝5人抜き〟のゴールによって、異次元の技術を満天下に示した。決勝の相手は西ドイツ。西ドイツ特有のしぶとさに手こずったものの、3—2でしのぎきって2度目の王座にすわった。西ドイツは2大会連続の決勝での敗北……。

ブラジルとフランスも魅惑的なサッカーを演じた。ジーコが本調子ではなかったが、ブラジルは相変わらずの中盤のよさで勝ち上がり、フランスもプラティニを中心に流麗なパスワークで3位の座を占めた。両者による準々決勝はＰＫ戦でフランスが勝利したが、引き締まった攻め合いのゲーム内容には「ベストマッチ」の評も。

◉第14回・イタリア大会——1990年

地元開催で当然、優勝を狙うイタリア。堅固な守備プラス鋭いカウンター攻撃という、伝統のプレースタイルで無失点のまま準決勝に駒を進めた。倒すべき相手はディフェンディング・チャンピオンのアルゼンチン。前回のような爆発力はないが、切り札マラドーナは健在だ。有利に試合を進めながら1—1でPK戦へ。結果は3—4。スタジアムの観衆は声を失った……。もう一方の準決勝もPK戦によって西ドイツがイングランドを破った。決勝は前回と同じく、アルゼンチン対西ドイツ。ディフェンスが整備され少ないチャンスをものにする、したたかな西ドイツが、マラドーナを封じ込めて1—0で勝ち、3カ国目の〝3度優勝〟に輝いた。

カメルーンの活躍も見逃せない。開幕戦でアルゼンチンを下して世界に衝撃を与えると、躍動感あふれるサッカーでアフリカ勢初のベスト8に進出。そう遠くない将来、アフリカから優勝国が出るかもしれない——多くの専門家がこう語った。

◉第15回・アメリカ大会――1994年

開催国は、サッカー不毛の地といわれるアメリカ。FIFAはサッカーの、よりいっそうの普及をめざす象徴としてアメリカ開催を進めた。地元アメリカは、予想外ともいえる健闘で決勝トーナメントに進出、ブラジルに0―1で敗れたものの、将来性を感じさせる出来だった。旧東欧勢の躍進も目立ち、ルーマニアがアルゼンチンを下してベスト8、ブルガリアがドイツをしりぞけて準決勝に進んだのである。アルゼンチンは、マラドーナのドーピング発覚による大会追放が、精神的に大きな痛手となった。アルゼンチンとは好対照に、ブラジルは大会の主役となっていく。

ロマーリオ、ベベットの強力2トップ《ツー》に、まとまりのあるMF陣が巧みに連係して危なげなくファイナリストになった。対するはイタリア。決着はPK戦となり、イタリア最後のバッジオの失敗によって、ブラジルは史上最多の4度目の優勝を飾った。'70年以来の待ちに待った優勝に、ブラジル国民も〝自信〟を回復――。

◉第16回・フランス大会——1998年

本大会への出場枠が32にアップし、また、延長戦の方式がJリーグと同様のゴールデンゴール方式となった。改めていうまでもなく、日本が悲願の初出場を果たした記念すべき大会。結果は3戦全敗だったが、初戦の対アルゼンチン、第2戦の対クロアチアは両方とも、内容的には評価すべき点が多く、2002年への足がかりになったと見ていいだろう。日本と対戦したクロアチア(旧ユーゴから分離独立)は小国ながら旧ユーゴらしい高いテクニックとメンタル面の強さを発揮し、3位決定戦で強豪オランダを敗るという快挙を成し遂げた(エースのシュケルは得点王)。

'96年アトランタ・オリンピックで優勝したナイジェリアは、開幕前、きわめて高い評価を与えられていたが、決勝トーナメント1回戦でデンマークに1—4で大敗。やや期待はずれの観は否めないものの、好不調の波の激しさをなくすことができれば、アフリカ勢の雄として上位進出の狙える〝能力〟をもっている。可能性を感じさせたナイジェリアとは逆に、古豪ドイツは将来に不安を残した。ベスト8入りと結果は出したが、新旧交代の失敗などもあってチームの質の低下を露呈した。

さて、大会のスポットライトを浴びたのは、地元フランスとブラジル。前回大会の最終予選で日本の〝ドーハの悲劇〟とまったく同様に、最後の最後に出場権をとりこぼしたフランスは、今大会までの4年間綿密なプランで代表チームの強化に励んだ。その結果、ジダンを筆頭とする実力者たちのコンビネーションと結束力は高まり、初戦から安定した戦いぶりで決勝に到達。ブラジルのほうは「前回優勝時よりもタレントはそろっている」ともっぱらで〝ドリームチーム〟と呼ぶ人も多かった。絶対的なエース・ロナウド、創造性満点のリバウドらがきっちりと役割をこなして、フランスと同じく安定感のある試合を続けて決勝へ。

決勝では両チームの大黒柱、ジダンとロナウドがくっきりと明暗を分けた。ジダンが2ゴールをあげたのに対し、ロナウドは突然の不調からパワーダウン。3—0の予想外の大差で、フランスは「7番目の優勝国」となった。

WORLD★CUP

3

2002年ワールドカップの「優勝候補」

WORLD★CUP

フランス

◉偉業の「2連覇！」に自信をもってチャレンジ

「ワールドカップ2連覇！」を狙うフランス。戦力的に見て、その可能性はかなり高い。しかし、シビアな戦いを強いられるワールドカップでは、V2は難しいことなのだ。史上、2連覇達成の偉業を遂げたのはイタリアとブラジルの2カ国のみ。イタリアは'34年の地元大会と'38年のフランス大会で、一方のブラジルはスウェーデン大会（'58年）とチリ大会（'62年）で歴史に名誉を刻んだ。

連覇がなぜ難しいのか。〝4年ごと〟の開催という点がポイントだ。1回目の優勝メンバーがそっくり4年後に登場できるのはまったく不可能で、その間に新旧交代や戦術変更など、チームを新たに作り変えなくてはならない。また、他の強豪国も同様に、パワーアップをしっかりと図ってくる。つまり、4年間で、優勝圏内にいる国々の〝力関係〟がかなり変化するのである。

フランスには1つ、不安材料がある。前回優勝国の特権の自動出場で〝予選〟を経験していない点だ。本大会へのキップをめざす予選は、どの試合も熾烈《しれつ》をきわめる真剣勝負。それをくぐり抜けることで代表チームは、お互いのコンビネーションを高め、さらには、生きるか死ぬかのギリギリの戦いの中でタフな精神力を身につけ、真の勝負強さを発揮できるようになっていく。そして、いわば〝ファミリー〟としての結束力を揺るぎないものにするのだ。

こうした貴重な体験の場＝予選がない代わりに、当然、フランスは計画的に多くの強化試合を組んだ。が、強化試合は、たとえ相手がサッカー強国だとしても真剣さに欠ける〝親善〟試合である。フランスの総合力は誰しもが認めるところだが、この予選免除のハンディを指摘する向きは少なくない。

とはいえ、フランスは前回優勝後も〝好調〟を維持し続けている。まず、２０００年欧州選手権での優勝。欧州選手権は、ワールドカップに匹敵するレベルの高い大会で、しかも、欧州のワールドカップ優勝国でかつて、２年後の欧州選手権を制した国はいなかった。それをフランスは、すんなりやりおおせたのである。また、欧州選手権後からこれまでの、強化試合の〝出来〟を見ると、チームの完成度は高い。

さて、皆さんもご存知のように、チームの主力はワールドクラスぞろいである。現在、世界最高の攻撃的ＭＦといわれるジダン（レアル・マドリード＝スペイン）。そして前回大会「やや弱い」との声もあったＦＷには、まさに信頼の置けるストライカーがお目見えした。それは、切れ味鋭いアンリ（アーセナル＝イングランド）。彼と２《ツー》トップを組むトレゼゲ（ユベントス＝イタリア）も、決定力の高さを誇っている。その他、ボランチ（守備的ＭＦ）としてジダンが「世界ナンバーワン」と讃えるビエラ（アーセナル）、ＤＦながら目を見張る攻撃力をもつテュラム（ユベントス）などなど、まるでフルコース料理のような豪華さだ。しかも、それぞれが所属クラブでパフォーマンスのよさを保っていることも心強い。

また、ルメール監督にも注目したい。前任の名将ジャケのもと、'94年からコーチとしてサポートしてきたが、前回優勝後にバトンタッチされた時「彼は監督として有力クラブを指揮したことがない。強国フランスのボスが務まるのか……」という疑問もあがった。しかし、2000年欧州選手権ではスターぞろいの選手たちを巧みにコントロールしながら優勝をたぐり寄せ、実績によって批判を封じ込めた。前任のジャケも、多くの批判を優勝で賞讃に変え〝名将〟となった。彼も同じ道を歩めるかもしれないのである。

【フランス】予想スタメン

アルゼンチン

◉サッカー通ならずとも「優勝の本命」にあげる

本大会をめざす、各地域の予選の中で〝南米〟予選は「難関」といわれている。南米の10カ国のうち、野球が盛んなベネズエラを除いて「どこが出場権を獲得してもおかしくはない」という〝強い〟国がそろっているからだ。現に、サッカー王国の名をほしいままにしているブラジルが、今回の予選では四苦八苦し、まさしくやっとの思いで本大会出場圏にすべり込んだくらいである。

その南米予選を、アルゼンチンはまったく危なげなくゆうゆうとトップを通過した。敗戦はブラジルとのアウェーゲームのみで（13勝4分け1敗）、予選を通じてゲーム内容は相手と「ワンランク次元が違う」といえるほどのものだった。南米予選の中盤くらいから「今、ワールドカップ本大会が始まれば優勝はアルゼンチンに間違いない」と誰もがうならされたのである。

したがって、アルゼンチンを優勝の本命にあげる声が高まるのも当然だ。FW陣、MF陣、DF陣、すべてのポジションに素晴らしい選手が「あふれんばかり」にスタメンを狙っている。FWにはクレスポ（ラツィオ＝イタリア、昨季セリエAの得点王）、クレスポと同じくラツィオ所属のクラウディオ・ロペス、ドリブルの名手として名高いオルテガ（リバープレート＝アルゼンチン）。

アルゼンチンのFWといえば、代表通算54ゴールの大記録を引っさげるバティストゥータ（ASローマ＝イタリア）だが、彼すらがポジション争いに敗れかねない雲行きなのである。アルゼンチン国内では、FWのセンターを誰にすべきか〝クレスポ派〟と〝バティー派〟に分かれ騒がしいという。

中盤（MF）は、イングランドのマンチェスター・ユナイテッドでコントロールタワーを務めるベロンを軸に、サネッティ（インテル＝イタリア）、シメオネ（ラツィオ）らが脇を固める。ＤＦ陣のほうはアジャラ（バレンシア＝スペイン）やサムエル（ＡＳローマ）など、強くてクレバーなプレーヤーが並び、南米予選では18試合で15失点と見事な安定感を見せた。

スタメンが予想されるプレーヤー以外も、ＦＷサビオラ（バルセロナ＝スペイン）、ＭＦアイマール（バレンシア）、ＭＦアルメイダ（パルマ＝イタリア）といった一流クラブの〝中心〟が出番を待ち構えている。大げさではなく。代表を2チーム作ってワールドカップに参戦しても、どちらも上位進出が可能なほど選手層は厚い。他国の監督は「うらやましい」に違いない。

ぜいたくな駒を駆使するのが、ビエルサ監督である。サッカー大国のアルゼンチンでもデータ分析など、その研究熱心さには関係者が脱帽するほどで「24時間サッカーのことを考えて、チームのレベルアップに努めている」と評価されている。ひとクセもふたクセもあるスターがそろい、かつて主力級が監督とぶつかることも多かったアルゼンチン代表だが、ビエルサ監督の研究熱心さと説得力に、選手たちは信頼を置いてつき従っているという。

ところで、先ほど名前をあげたFWサビオラは、要チェックである。19歳の若さで名門バルセロナに高額の移籍金（約28億円）で引き抜かれた逸材。〝マラドーナ2世〟と呼ばれ、小柄ながら抜きん出た個人技と速さで、厳しいスペイン・リーグで早くもスターの仲間入りを果たした。本大会でスーパースターになる可能性は小さくない。

【アルゼンチン】予想スタメン

経済的困難に悩むアルゼンチン国民が「優勝！」で溜飲《りゅういん》を下げる光景が目に浮かぶようである。

イタリア

◉1―0の〝勝利のセオリー〟をもつリアリスト

〝カルチョ（サッカー）の国〟を自認するイタリアは、過去、いずれの大会でも「優勝候補の一角」には必ずあげられる強豪である。事実、地元開催の'34年、続く'38年フランス大会に連覇し、'82年のスペイン大会には3度目の優勝を遂げている。

ただし、'82年以降は上位に進出し「いけるぞ！」と期待させながら目前である大魚を取り逃すことが多く、国民をイライラさせている。たとえば、地元開催だった'90年の準決勝での敗退（対アルゼンチン）や'94年アメリカ大会の決勝（対ブラジル）が端的な例で、いずれもＰＫ戦で〝悲劇〟に終わっている。

ところが、今回は口うるさい国民も、ブラジルと並ぶ4度目のVへ自信たっぷりである。世界各国の専門家の多くが「現代表は歴代でもっとも手強い」との評価を与えているからである。監督や選手たちもインタビューなどで、ストレートにはいわないものの、言葉の端々に自信をのぞかせている。

代表選手のほぼ全員が、レベルは世界最高と自他ともに認める、自国リーグ・セリエAのスターたちだ。この1点だけを見ても、自信のほどに納得がいくというもの。チームの伝統である〝堅守〟を担う守備陣を、まずは見てみよう。イタリアは昔から、世界的なGKを輩出することで知られているが、先発はユベントスのブッフォンが務めるだろう。その控えは、トルド（インテル）とアッビアーティ（ACミラン）。両者ともワールドクラスの定評を得ている。

DFには、マルディーニ（ACミラン）、カンナバーロ（パルマ）、ネスタ（ラツィオ）など「うまくて強く、しかもずる賢い」プレーヤーが並び、相手の攻撃を巧みにシャットアウトしていく。

〝堅守〟からのスピーディーな〝速攻〟〝カウンター攻撃〟に冴えて見せるアタック陣もまた、多士済々である。ＦＷには、柔のインザーギ（ＡＣミラン）、剛のビエリ（インテル）、イマジネーション豊かなデルピエロ（ユベントス）。彼らに数多くのチャンスをお膳立てしながら、自らも前に飛び出してゴールを狙うのが、ＡＳローマの若きカリスマ・ＭＦトッティだ、その実力のほどは、かつての同僚・中田英寿が同じポジションで彼の後塵《こうじん》を拝したことでも、皆さんはよくご存知のはず。いうまでもなく、イタリアの〝得点〟はトッティの出来にかかっている。

さて、イタリアの伝統的特徴は〝堅守〟であると、先に述べた。そのわけは、イタリアが結果を求める、つまり、勝利を最優先するお国柄だからだ。相手の攻撃を堅い守りで防ぎ、90分間を失点ゼロにする。そうすれば、当然だが、最少得点の1ゴールで勝ちを握れる。このきわめて合理的な考え方から、守備重視が生まれた。

イタリアの守備を表現する言葉が、有名な〝カテナチオ〟である。日本語にすると〝かんぬき〟で、門や扉をガッチリ閉じるための横木のことだ。つまり、かんぬきのように、自陣ゴール周辺に強力な守備網を築くのが、イタリアの第1の戦術なのである。そのため、古くから「イタリアの試合は守備的すぎて、面白味に欠ける」との声もある。が、イタリアのほうは「1—0で勝利するのが、わが国にとって最高の勝ち方」とさらりと受け流す〝リアリスト〟なのである。

【イタリア】予想スタメン

優勝請負人といわれる情熱家のトラパットーニ監督の指揮下、つけ入るスキがないほどの現イタリア代表。

心配の種を探せば、これも古くからの「前評判が高いワールドカップの時ほど、つまずきやすい……」とされるジンクスくらいのもの、か。けだし、見ものだ。

ブラジル

◉厚い雲におおわれた〝サッカー王国〟

ブラジルの尊称〝サッカー王国〟は、世界中が認めている。優勝回数は最多の4度で、第1回大会から今大会までの17大会のすべてに、唯一出場を果たしているサッカーの超大国だ。ブラジル国民にとって、ワールドカップ出場は「ごくごくあたり前」のことに他ならない。

男の子は「ボールをもって生まれる」といわれるほど、サッカーが生活の〝必需品〟になっているブラジルでは、ワールドカップに優勝しなければ、国民はとうてい納得しないのである。さらに厄介（?）なのは、優勝したとしても、その〝内容〟に文句をつける向きが多いのだ。たとえば、'94年アメリカ大会で24年ぶりの優勝を飾った時でも「守備と組織プレーを意識しすぎて、ブラジル本来の奔放さや美しさがない」などという、ぜいたくな批評が湧き出るのである。

こんな話もある。ワールドカップ優勝メンバーになれば「一生食える」。その意味するところは――優勝メンバー（特にレギュラークラス）は国内で常にもてはやされ、現役時代はもちろんのこと、引退後も重要人物として厚遇される。サッカー強国ならどこでも似た状況はあるだろうが、ブラジルはとにかく極端だという。

このような〝一億総サッカー評論家〟の観があるブラジル国民が、今、頭を抱えている。「今回のセレソン（代表）には期待できない……」と。

それも当然で、南米予選ではライバル・アルゼンチンにゲームの質で水をあけられた上に、成績のほうも結果的に3位で出場権を得たが、9勝6敗3分けの、ブラジルにとって過去最悪の数字だったのである。しかも、その後の強化（親善）試合でもピリッとしたところがなく不安はつのるばかり。

ブラジルの陣容・戦力は、前回大会準Vの〝ドリーム・チーム〟と比べれば、確かに引けをとる。しかし、主力クラスがもっている力を発揮してコンビネーションを高めれば、他の優勝候補と互角に戦えるのは間違いない。にもかかわらず、不安がささやかれる最大の理由は、2トップを確定できない点だ。

'70年メキシコ大会のペレ、トスタン、'94アメリカ大会のロマーリオ、ベベットに象徴されるように、歴代セレソンは強力な2トップが構成力のあるMF陣にフォローされてゴールをあげ、チームを栄光へと導いた。今回の2トップの先発は、エジウソン（フラメンゴ＝ブラジル）とルイゾン（コリンチャンス＝ブラジル）が予想されるが、正直なところ、いまひとつ信頼性に欠ける。

前回'98年フランス大会のエース・ロナウド（インテル＝イタリア）がコンディション良好で代表復帰できれば、まさに希望の光になるだろう。ところが、たび重なる故障がいえず、本番にかつてのベストフォームで登場するのは疑問ともっぱらだ。そのせいもあって、ブラジル国内には'94年大会制覇の立役者ロマーリオ（バスコ・

ダ・ガマ＝ブラジル）待望論が起こっている。が、その得点力はいまだ健在ではあるものの、35歳という年齢やフェリペ監督との確執もあって、代表入りはなさそうだ。「優勝候補！」と断言するのに、ためらいを感じるのは事実。だとしても、MFのリバウド（バルセロナ＝スペイン）を筆頭に、サイドを攻め上がるロベルト・カルロス（レアル・マドリード＝スペイン）やカフー（ASローマ＝イタリア）など、人材の宝箱だ。

象はやせても象である——このインドのことわざのように、衰えが見えるにしてもブラジルは巨象。伝統の力と本番までのコンディション調整に、やはり期待したい。

【ブラジル】予想スタメン

イングランド

◉初の〝外国人〟監督のもと、期待は沸騰中

2年前、サッカーの母国のプライドは、ズタズタに切り裂かれた。2000年欧州選手権の予選リーグで、なんと敗退してしまったのだ。イングランド・サッカー界のダメージは大きく「2002年ワールドカップへの出場は危ういのではないか」との悲観的な予測すら唱えられたのである。

そして、あろうことか、それが現実味を帯びてくる……。ワールドカップ予選がスタート。国民の期待と不安が入りまじる中、2試合を終わって1分け1敗。世論は騒ぎ立て、協会もそれに応える形でキーガン監督解任の挙に出た。

では、次期監督は誰になるのか。さまざまな候補者の名がマスコミに躍ったが、後任に指名されたのはスウェーデン人のエリクソン。ポルトガル・リーグでの指揮で力量を認められ、'84年にイタリア・セリエAのASローマの監督に就任、その後、各クラブで実績を積み重ね、'99年にはラツィオに久々の優勝をもたらせた、欧州でもトップクラスの評価を得ている人物である。

ところが、またしても世論は騒然となった。イングランド・サッカー史上初の〝外国人〟代表監督。即座に、その外国人ということに反発が起こった。いわく「サッカーの母国のプライドを捨てるのか」、いわく「有能なイングランド人監督はいる」、いわく「実績は認めるが、国の代表を率いた経験がない男に、重圧のかかる大国イングランドを任せられるのか」——etc。

ともあれ、エリクソンに託されたイングランドは再スタートを切る。お手並み拝見の空気が漂う中、予選に臨んだイングランドは大方の予想を〝うれしい〟形で裏切った。1分け1敗のていたらくがまるでジョークだったかのように、その後は無敗というハリウッド映画のような痛快さで本大会出場権を手中にしたのだ。むろん、エリクソンは、一夜にしてヒーロー、母国の救世主である。

エリクソンの功績は、名前にとらわれずに若手をセレクトして代表に定着させ、それに、実績のある中堅・ベテラン勢を巧みに融合させチームを活性化したことだ。発掘されたMFジェラード（リバプール＝イングランド）、DFアシュリー・コール（アーセナル＝イングランド）などは20歳で代表デビューを果たした。

彼らの活躍に刺激されるかのように、いずれもイングランドのトップクラブ、マンチェスター・ユナイテッドで名をはせる、MFのベッカムやスコールズの中堅が輝きを放ち、同様にベテラン勢も息を吹き返したのである。

チームバランスのとれた陣容のイングランド。その得点源は所属クラブ・リバプールでもコンビを組むオーウェンとヘスキーだ。オーウェンは、前回'98年フランス大会に弱冠18歳で登場し、対アルゼンチン戦で歴史に残るミラクル・ゴールを決めて全世界に「次代のヒーロー！」を印象づけた。当時つけられた異名〝ワンダー・ボーイ〟

は今大会、確実に〝スーパースター〟に変わるはずだ。そして、忘れてならないのはもちろん、ベッカム。前回、オーウェンがヒーローとなった同じ対アルゼンチン戦で、相手の挑発に乗ってしまい、不用意な乱暴行為を犯して退場――そのためにイングランドは負けたと〝A級戦犯〟扱いされた。血気にはやったベッカムも精神的に成長し、今大会はオーウェンと同様、真のスーパースターの地位を築く仕事をするのは間違いないだろう。

【イングランド】予想スタメン

　地獄から天国にはい上がったイングランド代表への、国民の期待感はいやが上にも高まっている。'66年の地元以来の2度目のV。本当の天国へ、視界は開けている。

ドイツ

◉あの驚異の勝負強さ、復活なるか!?

祖国統一前、'90年イタリア大会までの〝西ドイツ〟の金看板は、恐ろしいまでの勝負強さを見せる〝ゲルマン魂〟である。リードを許し、誰もが「これまでか……」と思った途端、同点ゴールをあげ、さらには、相手を突き放す。ワールドカップ史上、多くの名勝負の一方の主役だった。優勝3度、決勝進出6回を誇る〝大国〟だ。

しかし、'90年の優勝を頂点に下降線をたどる。なかでも、2000年欧州選手権では予選リーグ敗退と、イングランドと同じく屈辱を味わった。今大会の予選に入ると、序盤は勝利を続け「復活！」を証明したかに見えたが、終盤にバランスを崩してプレオフに回り、ようやく出場キップをもぎ取った。らしからぬ結果である。

低迷を余儀されたのは、主力の高齢化・若手の台頭不足が原因。とはいえ、先の欧州選手権後に就任したフェラー監督は、試行錯誤しながらも世代交代に努め、MFダイスラー（ヘルタ・ベルリン＝ドイツ）など、若い有望株を代表にフィットさせ、チームを徐々に「西ドイツ時代の姿」に戻しつつある。

ブラジルと同様、優勝までは苦しいだろうが、本大会では決勝トーナメント進出の、これまでの指定席は確保し、波に乗ればベスト４も可能か。ただし、〝ゲルマン魂〟を受け継ぐヒーローの出現が必要である。

【ドイツ】予想スタメン

スペイン

◉いよいよ「本来の力」を発揮できるか

スペイン・リーグは世界のビッグネームが集まり、そのレベルはイタリア・セリエAに匹敵するといわれるほど。代表メンバーはMFのメンディエタ（ラツィオ＝イタリア）を除き、すべてがスペイン・リーグの花形だ。スペイン代表は古くから、大航海時代の称号にちなむ〝無敵艦隊〟と呼ばれ、実力を認められている。

ワールドカップ出場は11回の常連で、ほぼ毎回「優勝を狙える」と事前の評価は上々である。ところが、いざフタを開けてみると、'50年大会の4位がベストの成績で以来、よくて8強入り……。勝負強い西ドイツとは逆の「本番にモロさの出る」万年優勝候補などという、不名誉なレッテルすら貼られている。

モロさの理由としては「伝統の攻撃サッカーにつきまとう守備意識の軽視」「歴史的な地域対立に起因する代表意識（ナショナリズム）の弱さ」などが聞こえてくる。

【スペイン】予想スタメン

だとしてもビッグ・クラブ、レアル・マドリードを支えるFWラウル、MFエルゲラ、DFイエロといった豪華なメンバーを擁するスペインである。チームをまとめ上げ、采配にも鮮やかさを見せるカマチョ監督も「優勝は射程内」と士気を奮《ふる》い立たせる。大航海時代と同様、代表が〝無敵艦隊〟の名をサッカーの〝歴史書〟に刻むのは、日本での決勝の日かもしれない。

ポルトガル

◉ついにベールを脱ぐ〝ゴールデン・エイジ〟

才能あふれるプレーヤーを常に生み出すポルトガルは、ワールドカップに縁遠い国である。本大会出場は過去2回。初お目見えの'66年イングランド大会では、得点王となったエウゼビオの大活躍もあって3位に入り、世界をうならせた。しかし、2度目の舞台は'86年大会まで待たねばならず、しかも予選をクリアできず帰国の途へ。

いってみれば「まだ見ぬ強豪」なのだが、ついに、1次リーグの行なわれる韓国で、その雄姿を現わすことになった。代表メンバーの軸には、欧州の名だたるクラブでも存在感の際立つ選手が並ぶ。双璧は、ともにMFのフィーゴ（レアル・マドリード＝

スペイン）とルイ・コスタ（ACミラン＝イタリア）。2人を筆頭に、主力には30歳前後が多く若手の頃から、ワールドユースなど〝代表〟で長年、ともに戦っている。彼らは〝ゴールデン・エイジ（黄金世代）〟と呼ばれ、才能みなぎる上に長い代表生活でコンビネーションも二重丸だ。

【ポルトガル】予想スタメン

ワールドカップ初出場の彼らには、年齢的に今回がおそらく「最初で最後の」大舞台。それだけに、悔いのない全力投球は間違いのないところ。チームの戦い方も中盤を厚くしたショートパス重視と、安定感がある。懸念されるのはワールドカップ慣れしていない点だが、それも個々の豊富な国際経験が解消するだろう。

ナイジェリア

◉アフリカのリーダー、目覚めよ!?

個人技を誇るブラジルの中でも、とび抜けたテクニシャンには柔らかさと躍動感、それに意外性がある。そして、彼らの多くは黒人系だ。いうまでもなく、彼らのルーツはアフリカ。したがって、当然といえば当然だが、アフリカの一流プレーヤーのほとんどは、ブラジルのテクニシャンと同じ〝特徴〟を披露してくれる。

さらに加わるのが、野性味たっぷりの〝体のバネ〟と〝スピード〟だ。アフリカ・サッカーが強豪国の難敵として成長するのは、もっともなことである。アフリカのリーダー格が、後にご紹介するカメルーンと、このナイジェリアだ。

'94年大会に初出場したナイジェリアは見事、決勝トーナメントに進出、大国イタリアの前に延長の末、涙を飲んだが、戦いぶりは見る者を魅了し、「将来、アフリカ勢が大会を制するとしたらナイジェリア」と語る専門家が多かった。今大会も出来・不出来の波が激しい欠点を克服できれば、上位進出に太鼓判を押せる。

【ナイジェリア】予想スタメン

しかし、プレー以前の問題、たとえば「監督が短期間に変わる」「協会の財政難もあって勝利ボーナスなどを巡り、選手が反発する」といったトラブルが日常茶飯に起こるのである。短期間での解決は不可能で、身中に敵を抱えるナイジェリアは残念ながら〝将来の〟V候補にとどまる——。

カメルーン

◉〝モチベーション〟のアップがカギ

Jリーグのガンバ大阪に在籍し〝浪速の黒ヒョウ〟の異名で観衆を湧かせたFWエムボマ（サンダーランド＝イングランド）がチームを引っ張るカメルーン。ワールドカップで「アフリカ強し！」「サッカーの未来はアフリカにある！」と全世界に、最初に認めさせたのは、まぎれもなくこのカメルーンなのである。

初舞台の'82年大会は力及ばず、1次リーグで敗れ終幕を迎えたが、続く'90年大会ではセンセーションを巻き起こす。まずは、1次リーグ初戦（開幕戦）で前回王者のアルゼンチンに勝利（1―0）。フロックとの声もあがったが、それを1位通過の実績で黙らせ決勝トーナメントへ。1回戦は南米の実力国コロンビアを2―1で一蹴して、〝アフリカ勢初の8強〟の偉業を達成した。準々決勝の相手はイングランド。サッカーの老舗《しにせ》も、自信をつけた新興勢力に手を焼き、延長戦の末にやっと3―2で退けた。敗者のカメルーンが、イングランドを上回る拍手を受けたことは、いうまでもない。

【カメルーン】予想スタメン

さて、カメルーンは2000年、FIFA（国際サッカー連盟）から〝20世紀のアフリカ最優秀チーム〟として顕彰された。また、今年（2002年）2月に開催されたアフリカ選手権でも2大会連続4度目の優勝を飾り、力のほどを見せつけている（ちなみに、ナ

イジェリアは3位）。ワールドカップ本番を前にした、幸先《さいさき》のよさに国民の期待感はぐんとふくらんだのは想像にかたくない。

もっとも、軽視できない不安材料があることも、また事実。先のナイジェリアとまったく同類の問題——めまぐるしく変わる監督、協会と選手の対立——ｅｔｃ。チームの〝モチベーション（動機づけ・士気）〟が高められなければ、これまたナイジェリアと同じく〝将来の〟優勝候補にとどめざるをえない。決勝トーナメント進出は、大丈夫だろうが……。

WORLD★CUP

4 2002年ワールドカップの「スーパースター」!!

WORLD★CUP

ジネディーヌ・ジダン

フランス◉MF

◉〝史上最高移籍金〟も当然のパーフェクトな選手

1972年6月23日生まれ。身長185cm、体重80kg。アルジェリア移民の子としてマルセイユに生まれる。13歳から地元クラブでプレーを始め、14歳でフランス・リーグのカンヌに入団しプロデビューは16歳。その後、ボルドー（フランス）―ユベントス（イタリア）―レアル・マドリード（スペイン）とステップアップ。

サッカーの世界では古くから、プレーヤーに必要なファクターは「3B」とされている。ボールコントロール＋ボディーバランス＋ブレイン。それぞれの頭の〝B〟をとって「3B」というわけである。

ボールコントロールは、ボールを扱う〝技術〟、ボディーバランスは、トータルな〝身体能力〟、そして、ブレインとはサッカーに対する賢さ、つまり〝判断力〟〝戦術眼〟だ。この3Bを最高度に備えているのが、フランス代表のピッチ上のコンダクター・ジダンである。ボールを意のままに操り、放たれるパスはまるで意志をもつ生き物のように、正確に味方に渡る。屈強な体躯でありながら、身のこなしは柔らかく素早い。攻撃的MFには特に必要な、ゲームの流れを読む判断力や視野の広さは、世界のトッププレーヤーも〝別格扱い〟するほど。辛口で知られる、かつてのスーパースター・クライフ（オランダ）が「私が選手に求めるものをジダンは100％もっている」と喜ぶ。これほどの賛辞があるだろうか。

ジダンは代表デビュー（'94年8月）で堂々の2ゴールをあげ、その潜在能力を満天下に示した。'94年アメリカ大会への出場を逃したフランス・サッカー界にとって、まさしく〝期待の星〟になったジダンは、それ以上の〝巨星〟にまで成長し自国開催の'98年大会でフランスに優勝をもたらす原動力になったのである。

'01年のシーズンオフ、ジダンは世界中を驚かせた。所属するイタリア・セリエAのユベントスからの、電撃的なレアル・マドリード（スペイン）への移籍。これ自体もさることながら、移籍金が約80億円というサッカー史上の最高額になったからである。ジダンといえども、さすがに高すぎるのではないか!?――こうした見方が当然あがったが、先に登場したクライフはこう語っている。「ジダンに対してなら決して高くはない。しかし、それほどでもない選手への金額は高すぎる」と、現在の移籍市場の異常ぶりを批判しつつ、ジダンの〝価値〟を認めている。開幕当初はチームメートと息の合わないシーンも多かったものの、次第にユベントス時代の、いやそれを上回る出来ばえを見せて「80億への白い眼」を消し去ってしまった。

ジダンは「ワールドカップのタイトルは、ぜひ守りたい」という。フランス代表の今の実力から見て、自信をもって「V2はできる」と断言してもよさそうだが「ワールドカップには何が起こるかわからない恐さがある」と油断をしていない。集中力を高めるジダンは、前回を超える活躍でついに〝神〟になるかもしれない。

ティエリー・アンリ

フランス◉FW

◉チャンピオンを支える〝絶対的な得点源〟

1977年8月17日生まれ。身長188cm、体重83kg。フランス・リーグのモナコでプロの第1歩をしるし（17歳）、'98年フランス大会の活躍によってユベントス（イタリア）へ。現在、アーセナル（イングランド）に所属。

アンリもジダンと同じく、両親は移民である（出身地はジャマイカ）。パリ郊外の移民が肩を寄せ合う灰色の街で生まれ育った。

南米のサッカー強国では、プロ選手の供給源は貧しい街の路地裏といわれている。

小さい頃から1日中、はだしで〝ストリート・サッカー〟に興じる子供たち。自然にテクニックや試合勘を磨いていく大勢の「将来有望な子」たちが、何段階もの厳しい選別をくぐり抜けてプロにのぼりつめていく。アンリも、このストリート・サッカーの申し子であり、早くからダイヤモンドの原石だった。13歳の時、難関中の難関、国立アカデミー（若年層の育成機関）に入り、エリートへのスタートを切る。モナコに入団し、17歳でトップチームに昇格するが、この時の監督がアーセン・ベンゲル（現・アーセナル＝イングランド）。かつて名古屋グランパスを率い、日本代表監督待望論の根強い〝名将〟だ。ベンゲルとの出会いが、アンリの能力を十全に開花させ飛躍的な成長を促したのである。アンリ自身も「ベンゲルなしには今の僕は存在しない」といい切るほどの、運命的な出会い。

アンリはサッカー・エリートの道をトップスピードで走り、'98年フランス大会にわずか20歳で登場した。持ち前のスピードを活かして3ゴールを記録し、ＦＷ陣にやや難のあったフランスのチームバランスを整える役割を果たした。国内が「近い将来、全幅の依頼の置けるストラーカーになる！」と色めき立ったのは、もちろんんだ。

大会後、イタリア・セリエAの名門ユベントスに移籍するが、ブレイクすることかなわず、翌年、アーセナルで〝再起〟を期す選択をした。そう、再びベンゲルとともにエリート・ロードの疾走をめざしたのである。そのもくろみどおりになった。武器のスピード、機を見ての鋭いドリブル突破にいっそう磨きがかかり、さらに、決定機を「力まず」「確実に」ものにするストライカーとしての信頼性がぐっとアップした。イングランド・プレミアシップで有数のゴールハンターの地位を確立し、ベンゲルに恩返しするとともに、代表監督ルメールには〝絶対的な得点源〟として、ワールドカップ優勝監督の栄誉のプレゼンターになろうとしているのだ。

前回のワールドカップは〝夢舞台〟だった。今大会は、自分が主役の1人を演じる〝ひのき舞台〟になるだろう。自ら語るように「すべての試合に出場してゴールを狙い続け」ながら、しかも「チャンピオンとしての誇りに傷をつけない、最高レベルの試合をしなくてはならない」という責任感をまっとうして、ひのき舞台の終幕時には得点王の勲章まで授けられている――夢では決してない。

4 2002年ワールドカップの「スーパースター」!!

エルナン・クレスポ

アルゼンチン◉FW

◉カリスマ・バティをおしのける〝最強〟FW!

1975年7月5日生まれ。身長184cm、体重78kg。アルゼンチンの古豪リバープレートで18歳でトップチーム入り。南米を代表するストライカーの定評を得て、'96年、欧州に活躍の場を移す(移籍先はイタリア・セリエAのパルマ)。'00年には、同じセリエAの上位クラブ・ラツィオへ。

2002年のチャンピオン候補の中で「もっとも支持率の高い」アルゼンチン。実力と人気を兼備したプレーヤーがひしめくFW陣にあって、クレスポはセンターを務めることに〝当確ランプ〟がともっている。

それに「クレームがつけられない」のは、次のキャリアを見れば明らかだ。'96年、念願のイタリア・セリエA進出（パルマ入り）を果たすと、1年目に27試合でゴールは12。世界最高のリーグとされるセリエAでは「いかに実力のある選手でも1年目から活躍するのは容易ではない」が通説で、あのジーコ（ブラジル）やプラティニ（フランス）のビッグネームも、1シーズン目は「彼らにふさわしい」数字は残せなかった。その点、クレスポのルーキーとしての数字・実績は見事なもの。

自信を深めたクレスポは、パルマにとって幸運の使者になっていく。'98年のイタリアカップ（日本の天皇杯にあたる）の獲得、翌シーズンのUEFAカップ（欧州連盟杯）の優勝。パルマが有力チームとしての地位を固めていく上で、最大の功労者だったのである。そして、'99年シーズン後、セリエAの強豪ラツィオに移籍。

ラツィオの支払った移籍金は約30億円である。すさまじい高額が飛びかう移籍市場では、目を見張るような数字ではないが、しかし、ラツィオは同時にMFアルメイダ（アルゼンチン代表）とMFコンセイソン（ポルトガル代表）の大物2人をつけた。

両者の〝評価額〟は合わせると約40億円。要するに、クレスポの価値は約70億円であり、ＦＷとしての位置づけは世界最高レベルに達したのだ。

クレスポは評価に見合う仕事人ぶりで、移籍1年目でさっそく得点王におさまった（26ゴール）。左右どちらの足からでも打てる、強烈で確かなシュート。ヘディングも巧みで、しかも打点が高い。さらには、キープ力にもたけてポストプレーもよし。つまりは、ＦＷに求められる要素をすべてもっているのである。

アルゼンチン代表のセンターＦＷは、長らくバティストゥータ（ＡＳローマ＝イタリア）の指定席だった。国内では〝バティ支持〟と〝クレスポ支持〟の両派がかまびすしい。が、代表の重鎮シメオネ（ＭＦ）はこういう。「バティはむろん、素晴らしいＦＷだ。しかし、今、世界を見わたして最強のＦＷはクレスポ」。遠回しながら、代表のセンターはクレスポで決まりとの託宣であり、事実、そうなりそうである。クレスポ自身も、バティをアルゼンチンのカリスマと認めつつ「２００２年ではスポットライトを浴びせて見せる」と己れを鼓舞している。その自信や、よし！

ファン・セバスチャン・ベロン

アルゼンチン◉MF

◉アルゼンチンの命運を握る、大〝司令塔〟

1975年3月9日生まれ。身長186㎝、体重80㎏。アルゼンチン・リーグのエストゥディアンテスに18歳で入団、'96年に名門ボカ・ジュニアーズへ移る。その後はサンプドリア（イタリア）を皮切りに同じセリエAのパルマ、ラツィオをへて'01年からは、イングランドのトップクラブ、マンチェスター・ユナイテッドで存在感を大いにアピールしている。

どんな遠くからでも、ピッチ上のベロンはすぐに発見できてしまう。第1に、風貌。186㎝と大柄な上にスキンヘッド。口ひげもはやしており、どちらかというと強面《こわもて》だ。第2は、並いる一流プレーヤーをおしのけて輝きを放つ、そのプレースタイルである。南米選手らしいソフトなボールタッチはいうにおよばず、長い右足から生み出される正確無比のキック（パス）が、ベロンの真価だ。インサイド、アウトサイドなど、足のどの部分を使っても正確性はまったく変わらない。しかも驚くべきは、30メートル以上のロングパスが意のままに、見方にピシッと渡ってしまうのである。サッカーを少しでも経験した方ならおわかりいただけると思うが、正確なロングパスの習得は並たいていのことではない。ベロンは、それの傑出した使い手であり、試合の流れを一気に自軍に引き寄せるコントロールタワーである。

さて、'96年アルゼンチンの名門中の名門ボカ・ジュニアーズに移り、自国のトッププレーヤーの仲間入りを果たしたベロン。が、出場試合数はわずか17のみ。なぜかというと、すぐさま欧州の有力クラブがベロンに目をつけ、激しい争奪戦を繰り広げたからである。アルゼンチン・リーグのトッププレーヤーから〝ワールドクラス〟のプレーヤーへとランクアップしていく第1歩は、イタリア・セリエAのサンプドリア。

それ以降、短期間のうちにパルマ―ラツィオと、より〝強い〟クラブで活躍を見せ、ついに、人気抜群の〝赤い悪魔〟マンチェスター・ユナイテッド（イングランド）の一員となる。しかも、イングランド№1の年俸で。

激しさで鳴るイングランド・プレミアシップでも、ベロンは相手の包囲網を難なくかいくぐり、自在のパスワークでチームをリードしている。選手層が「異常なくらい」厚いアルゼンチン代表でも、むろんベロンはチームの心臓部ともいえる司令塔だ。彼の重要性は、チームメートの次の言葉が如実に証明している。「ベロンのいない代表は、違うチームになってしまう……」

つまり、ベロンによってアルゼンチン代表の、世界が驚嘆する〝高品質〟が保たれているわけなのである。にもかかわらず、「いつも私は、もっとうまくなりたいと思っている」と、あくなき向上心を語るベロンは「今回のワールドカップで何を期待されているか理解している」ともいう。アルゼンチン優勝にプラス、大会のＭＶＰが、ベロンの隠された目標なのではないだろうか。

フランチェスコ・トッティ

——イタリア◉MF——

◉〝ローマの王子〟から日本で「世界の王子!」へ

1976年9月27日生まれ。身長180㎝、体重80㎏。生粋のローマっ子。当然のようにASローマの下部組織に13歳で入団し、たびたび移籍話が浮上するが、チーム一筋。少年時代から「将来のローマの大黒柱になる」と評判で、トップチーム・デビューはなんと16歳。〝ローマの王子〟の異名をもつ。

イタリア・セリエAで実力と人気ともにトップクラスのメンバー〝10〟がトッティである。背番号10はサッカー選手にとって憧れと能力の証明に他ならない。

ペレ、マラドーナ、ジーコ、プラティニ——etc。サッカーの歴史に、さん然と名を刻む名プレーヤーが背負った10番は、創造性豊かなパスワークでゲームを作り上げて数々のゴールチャンスを用意し、さらには、自らも「さも当然の顔をして」得点を重ねていく。イタリア代表の10番でもあるトッティは、FW的な要素が強く、先の名プレーヤーでいえばペレやマラドーナに近いタイプだ。

トッティが初めて代表としてお目見えしたのは、前回フランス大会後の'98年10月。以来、徐々に代表には欠かせない存在になっていき、現在のトッティの揺るぎないポストの決め手になったのが、2000年欧州選手権でのアピールだ。

決勝に歩を進めたイタリアは、王者フランスと対戦。戦前の予想の多くは「イタリア不利」だったが、手堅い試合運びでタイムアップ寸前まで1点のリード。ところが、まさかの同点ゴールを決められ延長にもつれ込み、無念のゴールデンゴール負けを喫してしまった。悔しさは大きいものの、トッティはイタリアを準Vにまで押し上げた立て役者として、内外から賞讃を浴びたのである。

トッティは、2002年大会に向けたインタビューに応えて「欧州選手権でともに戦ったメンバーのほとんどが、日本の地を踏む。フランスに必ずお返しをする」と、フランスを倒しての優勝をにおわせている。さらに、こうも語った。「わがイタリアがワールドカップに臨む上での課題は、フィジカルとメンタル両面のコンディション維持だろう。セリエAで、メンバーのシーズン終了後、あまり期間を置かずに本番が始まる。厳しい戦いの続いたセリエAで、メンバーの心身の疲労は無視できないはず。それをうまく克服しなくてはならない」

裏を返せば、コンディションの維持にさえ注意すればイタリア代表は優勝できる、という宣言なのである。GKを含むDF陣、MF陣、FW陣のすべてにわたって、世界中が「欲しがる」選手がそろい、ほぼ固定されたメンバーで長く戦っていることもあってチームワークにも不安はない。トッティの自負も当然といえるだろう。

ディフェンスに絶対の自信をもつイタリアだけに、トッティは守備に余り気を使うことなく安心して攻撃のタクトに専念できる。私たちはライブで、ローマの王子から〝世界の王子〟に名乗りあげるトッティを目撃できるはずだ。

リバウド

ブラジル◉MF

◉「王国復活!」の重責を担う〝マジシャン〟

1972年4月19日生まれ。身長187cm、体重75kg。本名はヴィトール・フェレイラ。出身地の北部州のクラブから20歳の時、サンパウロ州1部リーグのモジミリンへ。その後、パルメイラス―コンリンチャンスと強豪クラブをへて'96年、スペインのラコルーニャに移籍。めざましい働きを見せて翌年、世界屈指のビッグクラブ・バルセロナに引き抜かれ、富と名声を築き上げる。

リバウドは、ブラジル代表の不動のメンバー〝10〟だ。前のトッティのところでもふれたように、背番号10には、ゲーム作りと得点力が求められる。これまたトッティと同じく、リバウドは両面でハイレベルのプレーヤーである。

ただし、トッティには少々失礼かもしれないが、プレーの意外性と華麗さ・豪快さでトッティを1歩上回っている。ボールタッチやドリブルはまるで曲芸であり、スルーパスは味方が驚くほどイマジネーションに富む。利き足の左からのシュートは、ループなどGKをあざ笑う巧妙さを見せたかと思うと、遠目から「ズドン!」とゴールネットに直進する。そして、世界有数のFKの名手でもあるのだ。

まだ、ある。それは〝オーバーヘッド〟のシュート。ペナルティーエリア内で相手DFを背にボールをキープ。味方にはたくと思いきや、ボールをリフティングでちょんと頭上に浮かせると同時に、バック転よろしくジャンプして左足を振り抜く! これで何度となく、ゴールを決めているのだ。しかも、レベルの高いスペイン・リーグで。練習でビシッと決めるプレーヤーはむろん多いが、緊迫した実際の試合中にやってのけるのはリバウドぐらい、ともっぱらである。こんな芸当が可能なのはテクニック以上に、相手ゴールとGKの位置を「光速で」つかみとる〝広い視野〟があるからで、要するに、リバウドは攻撃的MFに特有の〝視野の広さ〟が超人的なのだ。

プレーヤーとして、まさに非の打ちところがないリバウド。しかし本大会への出場権を争った南米予選では「悩める男」になってしまう。ブラジル代表が特に不振をきわめた中盤あたりまで、国内のファンからごうごうたるブーイングを浴びたのである。本人もベストフォームではなかったのは事実だが、ふがいない代表の象徴として〝いけにえ〟にされたというのが真相。一時「代表でプレーしたくない」などと弱音を吐いたリバウドも、徐々に本来の期待されるプレーを披露し、予選18試合でチーム最多の8ゴールの結果を出して、自信を取り戻した。

次は、ブラジル代表が自信を回復し、ワールドカップ本番で「王国復活！」を告げる番である。その重責を担う一番手がリバウドであるのは、衆目の一致するところ。代表ユニフォームを着ることに人一倍執着する〝愛国者〟のリバウド。ロベルト・カルロスと並ぶ親日家でもある彼は「皆さんにサッカー王国にふさわしい姿をお見せする」と腕をさする。その言葉を信じよう――。

デビット・ベッカム

—イングランド◉MF—

◉あのアルゼンチンに「必ずリベンジする！」

1975年5月2日生まれ、身長180cm、体重67kg。イングランドのトップクラブ、マンチェスター・ユナイテッドの下部組織に14歳で入団。そして、18歳の'93年にプロ契約をし、特に'98年にはチーム3冠（リーグ戦、FAカップ、欧州チャンピオンリーグの制覇）に大貢献する。「彼が髪型を変えるたびに真似る若者が続出」という人気者ぶりで、まさにマン・Uの〝顔〟。

名MFベッカムを語る時に、何をおいても強調しなければならないのは、利き足の右で繰り出すミドル&ロングパスの、素晴らしい〝精度〟である。

味方が足元に欲しければ、ピタリとそこに届き、あるいは、走り込みたいスペースへなら「次のプレーがしやすい」ポイントに、ボールがやってきてくれる。正確な上に強弱・高低などが自由自在といってよく、ちょっと大げさな表現かもしれないが〝ハイテク誘導装置付きのミサイル〟などとファンにいわれている。当然のように、FKの使い手でもあり、クラブでも代表でも、それは大きな武器だ。

ベッカムはまた〝記憶に残る〟プレーヤーでもある。まず最初の例が、'01年10月に行なわれたワールドカップ欧州予選の対ギリシャ戦（ホーム）。欧州予選は、各組の1位が文句なしに本大会出場権をゲットし、2位になるとプレーオフに回って「はなはだしい重圧にさらされる」ゲームに勝たなければならない。予選最後のギリシャ戦を迎えるまでの勝ち点は16。同じ組でトップ争いを演じているライバル・ドイツも同じ勝ち点だ。ドイツの相手はフィンランド。両国の運命を決する2試合は、同時刻にキックオフの笛が鳴る。

格下のギリシャ相手に、スタジアムの誰もが勝利を信じていた。ところが、ロスタイムに入ってスコアは1―2。観衆が観念しかけた時、ＦＫを得た。相手ゴールのほぼ正面で距離は約25メートル。ベッカムが右足を振り切ると、ボールは左に鋭く曲がってゴール左隅へ！　同点だ。この瞬間、ドイツも引き分けたため、得失点差で上回るイングランドが1位通過となり、ベッカムはヒーローとなった。

逆の意味で、ベッカムが「記憶に残った」のは前回'98年大会の対アルゼンチン戦だ（決勝トーナメント1回戦）。スリリングな好ゲームの後半早々、ベッカムはアルゼンチンの〝つぶし屋〟ＭＦシメオネに倒される。カッときたベッカムが報復のキックを入れるとシメオネは大げさにアピール。一発退場！　その時点で2―2のゲームを10人になったイングランドはＰＫ戦までしのぎ切るが、結果は敗北……。「愚か者」のラク印を押され、長く批判にさらされることになる。

サッカーの神のいたずらか、両国は今回、1次リーグ同組となった。代表キャプテンに成長したベッカムは「望むところ。必ず名誉を回復する」と公言。日本でアルゼンチン撃破のヒーローとなって「記憶に残る」ことをめざす。

7

マイケル・オーウェン

イングランド◉FW

◉〝ワンダー・ボーイ〟から真のスーパースターへ

1979年12月14日生まれ。身長175cm、体重65kg。リバプール郊外に生まれ、少年期を地元クラブで過ごした後、16歳で強豪リバプールの下部組織へ。翌'97年にはトップチーム・デビューを果たし、初ゴールまで記録した。代表選出後、'98年5月のモロッコ戦では、〝18歳5カ月〟でのゴールで、イングランド史上〝最年少〟の代表ゴール記録を塗り替えた。

100メートルを走らせると、11秒を切ってしまう。オーウェンの第1の売り物は、スプリンターばりの〝スピード〟だ。このタテのスピードに加え、瞬間的なヨコの動きのスピードも並はずれており、どんな一流のDFもなすすべなく振り切られる。

もう1つ、オーウェンを超一流のFWたらしめているのが、プレーの〝冷静さ〟である。「ここだ!」という決定的なゴールチャンスを迎えると、すぐれたFWでも、どうしても〝力み〟が入り、シュートミスを犯してしまいがちだ。ところが、オーウェンは「リラックスして」冷静にシュートを決める確率が、他のFWに比べてぐんと高い。つまり、決定力にすぐれているのである。

さて、前のベッカムの紹介の時に――彼はまた〝記憶に残る〟プレーヤーでもある、と述べた。そのベッカム以上に、オーウェンは〝記憶に残る〟男なのだ、端的な例を2つあげるが、まず1つ目はベッカムが「マイナスの意味で」語り草になったのと同じ試合である(前回'98年大会対アルゼンチン戦)。

18歳の若さでワールドカップ本大会の大舞台に姿を現わしたオーウェンは、この試合までにすでに、世界注視の存在だった。――好ゲームにスタジアムが湧き立つ前半、サッカー史に残る〝事件〟が起こる。ベッカムからのパスを受けたオーウェン。場所はセンターサークルあたり。前を向いたオーウェンはトップスピードでドリブルを開始し、3人のDFをまたたく間に振り切って、20メートルものシュートを「ズバリ!」と決めたのである。'86年大会、イングランドはアルゼンチンのマラドーナに歴史的な〝5人抜き〟を食らっている。そのお返しを、同じ歴史的なゴールで果たしたのだ。これでオーウェンは、有名な〝ワンダー・ボーイ〟の称号を戴冠する。

次の〝事件〟は、今大会の欧州予選(対ドイツ戦)だ。1位通過を競うドイツに対して、これまでのイングランドは通算の対戦成績の分が悪い。いわば〝苦手〟である。さらには、アウェーの試合。しかし、結果は5―1という歴史的な大勝であり、オーウェンは3ゴールのハットトリック! 鮮やかすぎる活躍だ。

今大会、イングランドとアルゼンチンは1次リーグの同組である。「正直なところもっと楽な組に入りたかった。でも、イングランドはベスト8に行く力をもっている。それ以降は当然、ファイナリストを狙う」というオーウェン。22歳のオーウェンはワンダー・ボーイを卒業して〝ワンダー・ヒーロー〟になるだろう。

4 2002年ワールドカップの「スーパースター」!!

ラウル

—スペイン◉FW—

◉代表でも「太陽のような輝き」を放てるか!?

1977年6月27日生まれ。身長180cm、体重66kg。フルネームは、ラウル・ゴンサレス・ブランコ。世界屈指のクラブ、レアル・マドリードでの1軍登場は'94年（17歳4カ月）で、クラブ史上〝最年少〟。リーグ得点王は2度（'98年、'00年）。'00年の通算113ゴールの時点で、現役最多の記録をしるした。

レアル・マドリード。古くから世界のサッカー界に、その名をとどろかせるビッグクラブで、ユニフォームのベースになる色から〝白い巨人〟と恐れられ、そして、一目も二目も置かれてきた。20歳になる前から、この巨人の〝点取り屋〟としてチームの核になっているのが、ラウルその人である。

ただ、ラウルが「なぜゴールを量産できるのか不思議だ……」という人は少なくない。どうしてか。他のトップクラスのＦＷと比べると、まず、フィジカル面を誇ることはできない。さらには――スピード・瞬発力、豪快さ、テクニック、利き足（左）の正確性――など、どれをとっても「目を見張らされる」ほどではないからだ。

では、たぐいまれなゴールハンターである秘密を明かそう。ラウルの典型的な得点パターンは、ゴール周辺の「意外なスペースに」入り、まるで呼びこんだようなボールに対して「これしかない」タイミングでボールをゴールに押し込む、というもの。要するに、試合中の数少ない貴重な得点チャンスを「かぎつける」センスが並はずれていて、それを活かし切る〝闘志〟も傑出しているからである。闘志がなくては、ゴール付近に待ち構える強く、時には暴力的なＤＦたちの間に、決して飛び込めないのだ。日本でいえば、ゴン中山的なタイプ。

ところで、大航海時代になぞらえて〝無敵艦隊〟と実力を認められているスペイン代表だが、ワールドカップ本番になると意外なモロさを見せる。最高の成績は'50年の4位で、ベスト8が3度。そして、代表と二重写しのように、ラウルもレアルでの「太陽のごとき光」を代表で放つことがなかなかできないでいる。

前回'98年大会。スペインは前評判がよく「いよいよ優勝か」の声も多かった。にもかかわらず、なんと1次リーグで沈んでしまう。ラウルのパフォーマンスがよくなかったのは、いうまでもない。続く、ワールドカップと並ぶビッグな大会の'00年欧州選手権。スペインは準々決勝でフランスとぶつかる。ラウルは決めれば同点となるPKを任された。自信のなせるわざか、PKではきわめて珍しいループ気味のボールは……クロスバーの上へ。これがたたり、スペインはベスト8どまり。

ワールドカップを控え、ラウルは「レアルのラウルが代表では別人になる、というのは自分が一番よくわかっている」と語り、そして、「それを今回、本気で変えたい。私の力でスペインが勝ち上がった時が、その目的が達成された時だ」と強調する。ラウルが代表でも〝太陽になれるか〟注目せずにはいられない。

ルイス・フィーゴ

ポルトガル◉MF

◉ポルトガルの生命線は彼の〝右サイド〟の突破！

1972年11月4日生まれ。身長180cm、体重75kg。プロ生活のスタートはポルトガル・リーグの古豪スポルティング・リスボン（17歳）。'95年にスペイン・リーグのメジャー、バルセロナに移り、以降、数々のタイトル奪取の担い手になる。'00年のシーズン前、当時の史上最高移籍金（約62億円）でバルサのライバル、レアル・マドリードへ電撃的に移籍し、大きな騒ぎの渦中の人となった。

サッカーの話題から少し離れるが、フィーゴは親日家で通っている。今大会、韓国と同組になった組分け抽選後のインタビューで「1次リーグは日本でやりたかったのではないか」と問われて、フィーゴはこう答えている。「本心をいえばそう。日本の文化に興味をもっていて、日本食、特にスシが大好きだ。でも、決勝まで進めば日本に行ける。そのチャンスはあると思う」

ポルトガルは1次リーグを1位、2位どちらでクリアしても、日本に渡るにはファイナリストにならなければ不可能。フィーゴは趣味的な話に、にこやかに応じながら右のように、自国の力に自信をみなぎらせているのだ。

今回「優勝もありえる」と評判のポルトガル。そのバックボーンは、フィーゴ以外の何者でもない。実際、近年のポルトガル代表はフィーゴを攻撃の軸に、各ポジションに才能あふれるプレーヤーを配して好成績を残している。しかも、充実したゲーム内容で、である。たとえば、'00年の欧州選手権は堂々のベスト4。そして、今大会の欧州予選では〝難敵〟オランダ、〝曲者《くせもの》〟アイルランドと同組という厳しさの中を、さして苦しみもせず1位通過を遂げて、あのオランダの「日韓行きのキップ」を取り上げてしまった……。

さて、フィーゴはサッカー選手に必要な能力のすべてに一流の、オールラウンダーである。なかでも特に、ドリブルは周囲を圧倒し、1対1での突破には絶対の自信をもっている。右サイドが持ち場のオフェンシブなMFとして、相手DFを左右に幻惑する巧妙なフェイントを駆使。正確なパスからのチャンスメークはもちろん、大胆に中央に切れ込んでゴールを決めることもしばしばだ。

バルセロナのチームメートだった〝名手〟リバウド（ブラジル）さえも「1対1の勝負では、彼が世界最強」とまでいい切る。

フィーゴの〝ひたむきさ〟もまた、特筆すべき点だ。闘志をむき出しにするタイプではないが、ピッチでは常に全力プレーを見せ、不利な試合展開の時にあっても「ギブアップ……」のそぶりは決して感じさせない。いうならば、無言のうちに己れのプレーでチームメートを鼓舞しているのである。

冒頭にご紹介したインタビューの中に、ズバリと切り込んだ質問がある。「ポルトガルの優勝の可能性は？」――フィーゴの答えはこうだ。

「今のポルトガルには、どんなチームに対してもコンプレックスはない。〝可能な限り〟勝ち進む、というのが私たちのスタンスだ」

〝可能な限り〟とは、すなわち「優勝をめざす!」と同義語に違いない。ワールドカップ本大会の出場は、過去わずかに2回。'66年は見事3位になったものの、'86年には1次リーグ敗退。が、「優勝をめざす」に口をはさむ者がいないほど戦力充実のポルトガルが、'66年を上回る栄光で国民を歓喜させ、そして、フィーゴが〝英雄〟として凱旋帰国する。そんな光景が目に浮かぶようである。

WORLD★CUP

5

これが——
ワールドカップに挑む
「日本代表」の精鋭たち！

WORLD★CUP

柳沢敦

鹿島アントラーズ◉FW

◉"ビューティフル・ゴール"で世界をあっといわせる!

やなぎさわ・あつし/1977年5月27日、富山県生まれ。身長177cm、体重75kg。富山第一高で2度、全国選手権に出場し活躍('93、'95年度)。'96年、鹿島に入団しエースに成長。代表Aマッチ・デビューは'98年2月の豪州戦。

前回の'98年フランス大会。アジア予選の途中で、柳沢は日本代表メンバーから去らなければならなかった。FWとしての潜在能力が高く評価され、「もう1歩」で本大会メンバーに残れるチャンスもあっただけに、口惜しい思いに駆られたのはいうまでもない。フランス大会は、自宅でのテレビ観戦。日本代表の初戦は対アルゼンチン戦だ。複雑な感情……が、代表の仲間たちが強豪アルゼンチン・イレブンと並んでスタジアムに現われたとたん、サッーと鳥肌が立つのを今でも覚えているという。

「今回は、その場に自分がいるはず。しかも、年齢的にサッカー選手として恵まれた時期に、日本代表で戦える。〝運〟があるんでしょうかね」

〝運〟を口にする柳沢。しかし、それを引き寄せたのは他ならぬ、柳沢のストライカーぶりが日本でトップクラスだからである。個人技、スピード、シュート力はもちろんのこと、前線に張ってのポストプレーに確かさを見せる。相手DFに密着されるポストプレーには〝キープ力〟が不可欠だ。トルシエ監督がFW陣に口をすっぱくして求めるのは「前線でボールをキープしてチャンスを作れ。激しいプレーを恐れず、ファウルをもらうのも大切な役割」である。トルシエの要求にずばりと応える柳沢が、常に重用されるのは当然といえば当然といえるだろう。

さらに柳沢のすぐれた特徴として、専門家をもうならせるのが「ボールがないところでのクレバーな動き」である。DFの視野から巧みに消えて、チャンスにつながる

〝スペース〟へ鋭く走り込む。自分のためだけではなく、味方に「いいスペースを作る」のを狙って、労をいとわず行なう巧みなフリー・ランニング。「自分の動きでゴールが生まれると、大きな満足感が得られる。」よく口にするこの言葉に〝フォア・ザ・チーム〟に徹する柳沢のスタンスが表われている。

もっとも、この姿勢が「人を押しのけてでもゴールを狙うという、ストライカーらしい積極性に欠ける」との批判を生んだのも事実だ。しかし、昨季のJリーグなどで、ゴールへの執着心の激しさを披露、ひと皮むけた柳沢を見せつけて、そうした声も封じ込めた。特に昨年11月の〝大国〟イタリアとの試合で世界を驚かせた、難しいダイレクトによるビューティフル・ゴール。これで柳沢の評価は決定的になった。

かつて中田英寿の所属したイタリア・セリエA、ペルージャのオファーを断わり、Jリーグのゲームで実戦の勘を磨く道を選んだ柳沢は「ワールドカップに向けて、自信をもってやっている」と断言。本大会でも〝ビューティフル・ゴール〟をあげて、ビッククラブからのオファーに「ニヤリ」と、なるかもしれない。

高原直泰

ジュビロ磐田◉FW

◉必ず見せつける！「成長したタカハラ」を

たかはら・なおひろ／1979年6月4日、静岡県生まれ。身長181cm、体重75kg。静岡の名門・静岡東高では'96、'97年と続けて国体に優勝。'99年ワールドユース（U―20）の準Vでは、その快挙の立役者の1人となった。

'97年、翌年のフランス大会への「悲願の初出場」をめざし、激戦を続けていた日本代表。アジア最終予選のテレビ中継を食い入るように見ていた高原は当時、18歳の高校生だった。イランと3番目の出場権をかけたプレーオフに、見事に勝利した瞬間、高原は「とにかくうれしかった」という。しかし観戦中は、こうも考えていた。

日本がイランに敗れ、そして、次の豪州との最後のプレーオフにも負けて、日本が悲願を果たせなかったら「２００２年、代表になれたら絶対やってやる」と。

あの日の熱い想いが、まさに現実になろうとしているのだ。ガッツを前面に出して強引に突破を図る。左右、両方の足で強いシュートが打て、しかもヘディングのせり合いにも強い。大舞台で「絶対やってくれる」に違いない。

昨年、アルゼンチンのビッグクラブ、ボカ・ジュニアーズからのオファーに対し、高原が「速攻で移籍を決めた」というのは、単なる〝憧れ〟や〝次の欧州移籍へのワンステップ〟にするためだけではない。それにも増して、アルゼンチンでの予想される〝苦難〟が、２００２年の本番に活かせると判断したからだ。

アルゼンチンのビッグネームのほとんどが海外に出ているとはいえ、アルゼンチン・リーグのレベルは非常に高い。プレーヤーたちは個人技にすぐれ、その上、激しいというより荒々しく、おまけに〝ずる賢い〟。チーム内での練習を含めて、そうしたタフな選手との対戦を今のうちから経験しておけば、ＦＷとしての力量がアップしないはずはない。高原は「自国のワールドカップで、よりいっそういいプレーがしたい」と考えたからこそ、自らを厳しい環境に放り込んだのである。

ただ残念なことに、本番までボカに籍を置きたかった高原は、ボカ側の財政悪化の余波もあって磐田復帰を余儀なくされた。しかし、高原の成長は明らかだ。

まず、以前よりもドリブルが増え、その鋭さも磨かれた。日本ではＤＦ１人をドリブルでかわせばシュートチャンスにもっていけたが、寄せのきついアルゼンチンでは２人目を振り切らなくては難しい。つまり、実戦でいや応なく〝プレーの幅〟が広がったのである。さらに、１対１の勝負に対するチャレンジ精神・突破への強引さが、ぐんと高まった。「ワールドカップでゴールをあげるには、最後は１対１の勝負になる」とは、トルシエがよく強調するところだが、高原にはゴールハンターのふてぶてしい〝勝負師〟のムードが漂い始めている。「アルゼンチンで得てきたものはたくさんある。Ｊリーグでのプレーで、それを感じてほしい」と静かに語る高原。それは、自信にあふれた言葉、である。

19

中田英寿

パルマ（イタリア）◉MF

◉日本の指令塔は「ナカタしかいない」

なかた・ひでとし／1977年1月22日、山梨県生まれ。身長175cm、体重67kg。山梨の強豪・韮崎高からベルマーレ平塚（現・湘南ベルマーレ）へ。'98年、イタリア・セリエAのペルージャに移籍しブレイク。その後、高額の移籍金でトップクラブのASローマに活躍の場を求める——。

日本のみならず、世界の一流プレーヤーの多くが「ワールドカップは子供の頃からの憧れ」と語る。ところが、中田英はかなり趣が違う。

「ワールドカップ（の中継）は、ほとんど見たことがなかった、サッカーを〝やる〟

のにはのめり込んだけれど、見るのは……。ワールドカップの印象は薄い」

しかし、そのワールドカップが中田の運命を劇的に変える。

'98年フランス大会に登場した日本代表。広角レンズのような視野と状況判断のよさから繰り出す決定的なスルーパスによって前年のアジア予選の途中から中盤の〝王様〟になりつつあった中田は、1次リーグ3戦全敗の代表にあって、やはり「光っていた」。大会終了後、海外のクラブから数々のオファーが舞い込む中、中田はイタリア・セリエAのペルージャを入団先にセレクトする。ペルージャはセリエAに昇格したばかり。中田は自分が「確実にレギュラーになれる」チームを優先したのだ。

この選択が、もくろみ以上の結果をもたらす。レギュラーどころか、チームの心臓部の活躍を続け、セリエAに衝撃を与えた。入団前「サッカー後進国のプレーヤーがセリエAで通じるものか」と皮肉る向きが多かったが、その期待を鮮やかに裏切り、セリエAでもトップクラスのMFにのし上がったのである。Jリーグで、そしてアジアで並ぶ者のいなかった、MFとしてのパスセンスとフィジカルの強さが、世界レベルであることを実績で証明したのである。

'00年、トップクラブのASローマへ――。が、ここから中田は減速し始める。選手層のきわめて厚いローマ。なかでも、同じポジション（司令塔）にはイタリア代表の〝10番〟トッティが待ち構えていた。スーパーサブ的な役割が多くなり、それはそれで十分な仕事を果たし、チームのスクデット（優勝）に少なからぬ貢献をした。そして今シーズン、背番号10を用意され〝中盤の王様〟になるべくパルマに身を投じた。しかし、開幕前の調整不良やチームメートとのコンビネーションのズレもあって、本来の創造性が表現できない。レギュラーの地位すら剥奪《はくだつ》されてしまった……。

トルシエとの確執も手伝って「日本代表のトップ下の地位も保証されないのではないか」と、周囲はにわかに騒がしくなってきた。が、それは杞憂《きゆう》に終わるだろう。プランニングにたけた中田のこと、復調を遂げるのは間違いない。昨年のフランス戦やイタリア戦でも相手が「本気で体を張った」のは中田に対してだけだったのを見てもわかるように、中田の恐ろしさは世界の一流が肌で知っているのだ。

8

小野伸二

フェイエノールト(オランダ)◉MF

◉天才の芸術性に〝すごみ〟すら加わった!

おの・しんじ/1979年9月27日、静岡県生まれ。身長175cm、体重74kg。日本で屈指の強豪高・清水市立商高から浦和レッズに入団。その〝天才〟性で各年代の日本代表で中核となり、A代表デビュー戦(対韓国)はJリーグ1年目の4月(18歳)。'01年、オランダのトップクラブ、フェイエノールトへ雄飛。

Jリーグ各チームの、まれに見る激しい争奪戦の末、浦和レッズが小野を獲得した。開幕戦デビューを果たし、その後あっという間に〝浦和の顔〟の座についてしまう。この年、アルゼンチン・リーグの関係者が日本を訪れJリーグの数多くの試合を視察した。そして帰国前、次のように語ったという。

「日本人選手の中で〝フットボーラー〟はオノぐらいだった」

そのいわんとするところは何か――。日本人で能力の高い選手は少なくないが、プレーぶりに余裕がなく〝バタバタ〟している。オノは落ち着いて正確なプレーをし、ゲームに〝緩急〟をつけられる。美しいプレーができるのだ――。要するに、南米の一流のフットボーラーがもつ〝芸術性〟を小野に見いだしたのである。

このきわめて高い評価どおりに、小野は確実にステップアップしていく。Jリーグ登場直後にA代表入りし、その年の'98年フランス大会のメンバーにも名を連ねた。ピッチに送り込まれたのは第3戦、対ジャマイカの後半。プレー時間は10分間ほどしかなかったが、相手DFを〝股抜き〟でかわし左足で地をはうシュートを放つなど、たぐいまれなサッカー・センスを披露した。

「ジャマイカ戦は〝本当に〟出場した、と思っていない。2002年はできるだけ長くピッチにいて、世界に認められたいですね」

謙虚な小野らしい発言だが「長くピッチに」どころか、トルシエ・ジャパンの攻撃の重要な担い手＝キープレーヤーになるのは疑いない。

昨年から身を置くオランダのフェイエノールトで、小野は〝すごみ〟を増している。小野の代名詞は〝エンゼルパス〟。ダイレクトをベースにした意外性満点のパスでしかも、受け手に〝やさしい〟柔らかさが身上だ。これに加えて、中田英ばりの鋭く強いキラーパスも供給するようになった。また、左サイド、右サイド、トップ下、ボランチと複数のポジションを十分にこなし、中盤のオールラウンダーの評を得ている。課題とされていた守備力も当然、レベルアップした。

ホームスタジアムの大観衆から喝采《かっさい》を浴び、選手をめったにほめないスーパースターのクライフも認めている小野。しかし、慢心はしていない。「ミスがまだ目立つしボールを奪う激しさ、球際《たまぎわ》の強さも不十分」と、さらなる向上をめざしているのだ。この〝タフさ〟をも身にまとってワールドカップ本番に登場するなら、全世界が小野を「傑出したフットボーラー」として認知するだろう。

稲本潤一

アーセナル（イングランド）◉MF

◉〝アジア有数の〟ボランチは世界を視野に入れる

いなもと・じゅんいち／1979年9月18日、大阪府生まれ。身長181cm、体重75kg。ガンバ大阪のジュニアユースからユースへと進み、トップチームでJリーグ・デビューを果たしたのは高3の時。A代表としては、昨年のコンフェデ杯での活躍が記憶に新しい。コンフェデ後、イングランドのアーセナルに移籍。

稲本はJリーグチームの、下部組織育ちの代表格である。早い段階から「将来、ガンバ大阪をしょって立つ大型ボランチになる」と注目された逸材で、まさしくそのとおりになった。と同時に、各世代の日本代表の中軸となり、特に、小野や高原らとともに準優勝の快挙を成し遂げた、'99年ワールドユース（U―20）以降は、トルシエ監督には手放せない〝貴重な人材〟になっているのだ。

さて、稲本が務める〝ボランチ〟はポルトガル語の「ハンドル」という意味。中盤の低い位置にいて守備に重きを置きながらも、相手ボールを奪取するや「攻撃の第1歩」となる、的確なパスなどを繰り出さなくてはならない。つまり、攻守のバランスをとり、ひいては「低い位置からの」司令塔役も求められる。したがって、チームを操る「ハンドルのような役割」からボランチ、と称されるわけだ。日本では〝守備的MF〟によく置き換えられるが、そのイメージよりも格段に〝攻撃センス〟を備えているのが、本来の（本物の）ボランチなのだ。

そして、稲本は字義どおりのボランチに成長した。ハードで球際に強いディフェンスをベースに、長短のパスやドリブルといった攻撃センスを随所で披露。さらには、ミドル、ロングのシュートに切れを見せる。稲本には以前からの〝大型〟ボランチの評に、〝アジア有数のボランチ〟なる称号まで加わった。

昨年、コンフェデ杯後に、名将ベンゲルに請われアーセナル（イングランドのビッグクラブ）に身を投じた。が、しかし〝アジア有数のボランチ〟は〝世界有数の〟プレーヤーたちの中でもがいている。同じポジションには、世界トップクラスのビエラ（フランス）、その他にも欧州のサッカー大国の代表がズラリと並ぶ。稲本は、いまだリーグ戦出場はかなわず、Ｊリーグのサテライトのあたるリザーブリーグの出場がほとんど。ところが、稲本には暗さはまったくない。

「練習だけでも、自分の成長を感じる。ビエラなどいい見本がいるし、彼らとのトレーニングでプレーと判断の早さ、そしてフィジカルの強さもアップした」

この言葉に偽りはなく、昨年11月のイタリア戦では、柳沢のゴールをアシストするなど「ワンランク上がった」姿を見せつけた。これでシビアなリーグ戦を数多くこなせれば〝アジア有数〟が取れ、世界標準に近づくことは明らかだ。「２００２年以降を見すえた移籍」と語る稲本。しかし、本番初戦のベルギー戦で稲本のプレーをベンチで満足げに見守るトルシエが、いるに違いない。

5

森島寛晃

セレッソ大阪◉MF

◉決定的なチャンスを作る「前への飛び出し」

もりしま・ひろあき／1972年4月30日、広島県生まれ。身長168cm、体重62kg。静岡の東海大第一高から'91年、ヤンマー（現・セレッソ大阪）へ。最初のA代表での試合は'95年5月（キリンカップのスコットランド戦）。ふだんは礼儀正しく、また、明るい性格もあってチームのムードメーカーでもある。

前回'98年フランス大会の代表メンバー。そこには、森島の名もあった。しかし、プレーヤーとしてはまったく満足感を得られずに、帰国の途につく。チームの3戦全敗の結果に加え、自身の試合出場が第2戦（対クロアチア）の約10分間にとどまり、ピッチで「森島あり」をアピールできなかったからだ。対ジャマイカ（第3戦）で、森島と同様に10分ほどの出場だった小野が「今大会ではできるだけ長くピッチにいたい」と語っているが、森島もほとんど同じ気持ちだろう。そして、これも小野と同じく、トルシエ・ジャパンで森島は〝切り札〟的な存在にすらなっている。

攻撃的MF森島の最大の特徴は、無尽蔵ともえる〝運動量〟である。日本メンバー1との評もあるくらいだ。それを活かし、アタッキングでは〝いいスペース〟に頻繁に走り込み、守勢になると自陣深くまで舞い戻る。

いうなれば、労を惜しまない〝働きバチ〟なのだが、この働きバチは攻撃面では特に針を鋭くして、相手DFを混乱に落とし入れる。シンプルなプレーとパスで攻撃を組み立てること以上に、森島は〝パスの受け手〟として妙味を発揮するのだ。相手ペナルティーエリア周辺で、チャンスに結びつく決定的なパスをもらうために「そこだ！」というスペースへ何度も何度も飛び出す。パスを受けると小細工をせず、よりいいポジションにいる味方にボールを渡すか、思い切りよくシュートを放つ。

こうした森島の〝鋭い針〟の必要性を痛感させられたのが、昨秋の欧州遠征（第1戦セネガル、第2戦ナイジェリア）だ。森島はこの時、左足の肉離れで参加していない。セネガルとナイジェリアは、欧州各国のリーグに所属する選手を集め、ほぼベストメンバー。アウェーの日本にとっては、本番に向けた試金石となる試合である。が、セネガル戦は0―2。内容も悪い完敗だった。なかでも攻撃に厚みがなく、ゴールへの〝におい〟を感じさせる決定的なパスがでない。つまり、森島のように巧みに「前へ飛び出す」選手がいなかったのである。「モリシがいれば」の声があがった――。先に〝トルシエの切り札的存在〟と述べたのは、これが理由なのだ。

今季、J2で戦うセレッソ大阪。1年でJ1復帰をめざすチームにとっても森島は切り札である。ハードなスケジュールの中、働きバチの森島はチームにも、そして、日本代表にも大きな貢献をするはず。ワールドカップを前に「初戦に何としても勝つことが大事でしょう。それで、はずみをつけたい」と話す森島。そう、日本代表に〝はずみ〟をつけるのは、森島本人に他ならない。

名波浩

ジュビロ磐田◉MF

◉若い日本代表に欠かせないベテランの妙技

ななみ・ひろし／1972年11月28日、静岡県生まれ。身長177cm、体重71kg。清水市立商高、順天大をへて'95年、磐田に入団。'99年、イタリア・セリエAのベネチアにレンタル移籍し、'00年9月に古巣・磐田に復帰した。

名波は日本で傑出した左足の使い手、いわゆる名〝レフティー〟である。前回'98年大会では、日本代表の中盤をとりしきり、その後、サッカー選手の憧れ、イタリア・セリエAのベネチアで1シーズンを過ごした。全34試合中、出場は24試合、1ゴール3アシストと、決して満足のいく結果ではなかったが、ハイレベルな環境に身を

置いて、判断の早さや球際の強さを身につけ磐田復帰後、ニュー名波を披露した。

司令塔（トップ下）、左サイド、ボランチ――名波は中盤の3つのポジションを難なくこなす、日本代表の〝コントローラー〟だ。名波にとってのハイライトは、'00年10月のアジアカップ。アジアの王者を決める大会で、全6試合にフルタイム出場し、チームリーダーとして存分の活躍を見せて優勝の、第1の立役者となった（MVPも獲得）。これでトルシエから万全の信頼を得る。プレーでの貢献もさることながら、平均年齢が約24歳と若い日本代表にあって、精神的バックボーンも期待された。

しかしながら、たび重なるケガがあって、名波は昨年4月のスペイン戦を最後に、代表ゲームに登場していない。本番を控えた日本代表の不安材料の1つなのだが、回復具合は良好で、今後の調整によって「間に合う」はずである。

あるイベントで名波は「自分が仮りに代表に選ばれなくても、サポーターとして応援する」と語り、会場に笑いを起こした。その笑いは「名波のいない代表は考えられない」ということ。トルシエも同じなのは、当然だ。

中村俊輔

横浜F・マリノス◉MF

◉ワールドカップで輝き、勇躍、スペインへ!

なかむら・しゅんすけ/1978年6月24日、神奈川県生まれ。身長178㎝、体重69㎏。桐光学園高から'97年、横浜マリノス(現F・マリノス)へ。'00年にはJリーグMVP。A代表デビューは'00年2月のカールスバーグ杯。

先に紹介した名波を「超える」レフティー。中村をこう高く評価する向きは多い。個人技、キックの正確性、パスセンスと、どれをとっても外国人を含めたJリーグでトップクラスである。横浜の不動のトップ下として、'00年にはMVPにも輝いた。

そして、'00年2月にA代表入りしてからも、中村は与えられた役割をきっちりとこなし「必要な人材」の地位を築いた。しかし、中村は代表での役割に少なからぬ不満を抱いている。トップ下のポジションを天職とする中村に対し、トルシエの構想は左サイド。トルシエに力を認めさせてトップ下に、ともくろんでいた。

そんな中村に、'01年に入ると強い逆風が吹きつける。3月、アウェーでのフランス戦。王者フランスに日本は、文字どおりなすすべなく0―5の大敗。中村は前半のみの出場で、あまりの実力差に自信喪失すら口にした。追い討ちをかけるように、5月からはケガと病気で70日間ものブランク。横浜と自らの不振もあって、「代表漏れ」も味わい、招集されてもベンチウォーマーを余儀なくされた。

ところが今、中村を奮い立たせる〝順風〟が吹き始めたのである。調子の回復に加えて、海外志向の強い中村に「ワールドカップ後の、名門レアル・マドリード移籍」が決定したのだ。実際はレアルから1部リーグの他クラブへのレンタル、というレアルの〝先物買い〟だが、実力を認められたのは間違いない。スペイン・リーグ参戦の前に中村は「ワールドカップで輝かなければならない」のだ。

5 これが「日本代表」の精鋭たち!

三都主アレサンドロ

清水エスパルス◉MF

◉〝スーパーサブ〟ではなく先発をも狙う

サントス・アレサンドロ／1977年7月20日、ブラジル生まれ。身長178㎝、体重69㎏。ブラジルから'94年、高知・明徳義塾高に入学。'97年に清水エスパルスへ。'99年のJリーグMVP。昨年11月に待望の日本国籍を取得した。

今年1月の代表候補合宿に、トルシエ監督の待ち焦がれた男がやって来た。練習着とはいえ、日本代表の青色のユニフォームを初めてまとった三都主には、やや緊張も見られたが、いざプレーを始めると、そこにいるのはJリーグでおなじみの、相手DFにとって〝危険な〟プレーヤー、三都主そのものだった。

三都主のドリブルは洗練された上に、早くて力強い。そして、ボールを取ってからのスピードはＪリーグ屈指であり、１対１の勝負には絶対といってよい自信をもっている。相手を振り切った後の左足からのクロスは、正確性とバリエーションを誇り、もちろんシュートの決定率も高い。ＤＦには悪魔だが、味方にとっては天使。

１対１の強さを発揮し「１人で局面を打開できる」三都主を、トルシエはどのように使おうとしているのだろうか。答えは〝スーパーサブ〟である。試合のこう着状態を破ったり、攻めの流れやパターンを激的に変えるために、試合途中、機を見てピッチに送り込むのだ。三都主の登場によって、左サイドは激戦区になる。小野、名波、中村……。競争意識の高まりも、日本代表にとってはプラスである。

ただし、三都主には不安な点もある。トルシエ・ジャパンは長期間の〝共同作業〟で戦術を体にしみ込ませ、組織力とコンビネーションを固めてきた。その〝社風〟に途中入社の三都主が短い期間でフィットできるか――いや、この不安は無用である。彼はきわめて優秀な即戦力であり、先発メンバーすら狙っているのだから。

波戸康広

横浜F・マリノス◉MF

◉トルシエ・ジャパンの「右サイドは任せろ！」

はと・やすひろ／1976年5月4日、兵庫県生まれ。身長178cm、体重70kg。兵庫の強豪・滝川二高から'95年、横浜フリューゲルスに入団。'99年、チームの合併によって横浜F・マリノスへ。その〝俊足〟を大きな武器にしている。

「一夜にしてスターダムへ！」という常套句《じょうとうく》がある。サッカー選手にあてはめて、これがピタリとくるのが波戸だ。A代表初選出は'01年2月。それまでU―20など、いかなる年代でも日本代表を経験していない波戸は、いきなりスポットライトを浴びることになる。そしてほどなく、実際のプレーによって「トルシエのセレクトが正しかった」のを証明するのだ。

それは、'01年4月のスペイン戦（アウェー）。前月、同じくアウェーで叩きのめされたフランス戦では、特に守備のモロさが問題視された。その修正のため、左右のMFを引かせ、実質的な〝5DF〟で臨んだ。代表デビューの波戸は右サイドを任され、難敵スペインに挑む。まず守備では、相手の左からの攻撃をほぼ完全に抑えて役割を十二分に果たし、さらには、機を見てスピードを活かしたオーバーラップを敢行したのである。後半に入ると、オーバーラップのみならず、中に切れ込んで惜しいシュートを放つなど、波戸は0―1の惜敗という「まずまずの結果」を引き寄せた功労者となった。それ以来、波戸は「右サイドの先発」をほぼ手中にする。

代表歴がまだ長くない波戸だが、その実績で自信を深め、今大会の組分け抽選後のインタビューでは「決勝トーナメントに進出して、ブラジルとやってみたい。左サイドを駆け上がってくる、あのロベルト・カルロスと勝負したいですね」と、夢を語っている。その実現には、1次リーグで波戸のスペイン戦のような活躍が必要だ。

5 これが「日本代表」の精鋭たち!

戸田和幸

清水エスパルス◉MF

◉DFからボランチとなり、定位置を獲得

とだ・かずゆき／1977年12月30日、東京都生まれ。身長178cm、体重68kg。神奈川のサッカーの名門高・桐蔭学園高から'96年、清水エスパルス入り。決して大柄ではないが、高い運動量をベースにした、ハードな守備に定評がある。

昨年、Jリーグ開幕を控え、清水DF陣で重きをなしていた戸田は突然、ボランチ（守備的MF）へのコンバートを告げられた。チームの名ボランチ・サントスがヴィセル神戸に移籍することになったからである。本人には「突然!?」に他ならなかったが、首脳陣は以前から、戸田のボランチ向きの能力に気づいていた。

堅い守備力はすでに明らか。それにプラス——パスの正確さ、ゲームの流れをつかむ状況判断のよさ、豊富な運動量——など、攻守を操るボランチは任せられる。首脳陣のこの決断に間違いはなかった。わずかな試合数で戸田のボランチ能力はピッチ上に開花し、サントスを上回る仕事ぶりすら見せるようになる。

トルシエ監督も放っておくはずはない。ボランチとしてA代表に招集し、6月のコンフェデ杯でピッチに初登場させた。ファウルをいとわない力強いプレーによって、日本の準Vの一翼を担い、高い評価を得た。続くキリンカップにいたっては、トルシエから「優勝は君のおかげ」との賛辞すら受けたのである。その後も代表のボランチとして安定感を示し、稲本とともにトルシエを十分に満足させている。

A代表入りする前から戸田は「ワールドカップに出られたら死んでもいい」と、冗談めかしていたという。冗談ではなく、それは現実になった。「日の丸を背負い君が代を聞くと、武者震いする」とも語る戸田は、1次リーグ開幕戦で君が代を口ずさんだ後、勢いよくピッチに散り「死ぬほど」動き回るはずだ。

森岡隆三

清水エスパルス◉DF

もりおか・りゅうぞう／1975年10月7日、神奈川県生まれ。身長180cm、体重71kg。桐蔭学園高から,94年、鹿島に入団。,95年の第2ステージ直前に清水へ移籍する。A代表のデビュー戦は、,99年3月の対ブラジル。

◉トルシエの信認厚い〝チームリーダー〟

トルシエ戦術の中で、もっとも知られているのがディフェンスの〝フラット3《スリー》〟である。この日本代表の命綱ともいえるフラット3の〝中心〟が、森岡だ。

平行に並ぶ3人のDFの真ん中に位置し、ラインの上げ下げをコントロールしつつ、ボランチや左右のMFと巧みに連係を取る。こうした難しい役回りをこなしながら、さらに森岡は〝攻撃的に〟振る舞っている。最終ラインから放たれるロングパスは正確で、一気にチャンスに結びつくことがしばしばだ。あるいは、前にスペースがあるとドリブルで持ち上がり、小気味よくパスをはたく。いわゆる〝リベロ（自由の意）〟として、守・攻両面で日本代表をリードし続けているのである。

当然、トルシエ監督の信認はきわめて厚い。代表メンバーの中で、トルシエと話し合う頻度はもっとも高いといわれ、互いの主張がぶつかり「ケンカになる」ことも少なくないという。そうなってもじっくりと討論し、結果的に信頼関係を強いものにしているのだ。森岡自身「監督と選手という立場だけではなく、人と人として認められているのはうれしい」と語っている。

冷静さも、森岡の持ち味だ。本大会で同じ組になる国が決まった後「初戦のベルギーはイタリアなどと比べて〝組みしやすし〟と見えるかもしれない。しかし、プレッシャーの大きい初戦に、変な意識（過信）をもってはいけない」とマスコミなどの「いけるぞ！」ムードに距離を置いている。正真正銘のチームリーダーである。

松田直樹

横浜F・マリノス◉DF

◉抜群のサッカー能力にメンタルの強さが加わった

まつだ・なおき／1977年3月14日、群馬県生まれ。身長183cm、体重78kg。前橋育英高では3年連続して全国選手権出場を果たし、'95年、横浜マリノス（現F・マリノス）へ。各年代で日本代表入りし、活躍を見せた。

横浜の関係者は常々、こういっている。

「マツは〝DFとして〟だけではなく、サッカー・プレーヤーに必要な能力のすべてで一流だ。欠点はない、といい切ってもかまわない」

このコメントは、関係者の身びいきでは決してない。テクニック、スピード、フィ

5 これが「日本代表」の精鋭たち!

ジカルの強さ、ヘッドの高さ、状況判断などなど、若年層の頃からサッカー界で「ハイレベル」ともっぱらだった。ただし、その能力ゆえに、プロ入り後すぐにJリーグの舞台で「通じてしまった」がために、自信を超えて〝慢心〟が生まれてしまう。相手をなめたようなプレーが顔を出したり、必要のないところでカッとしたり……。

サッカー能力に「欠点はない」のだが、精神面の課題は明日だった。しかし、'99年11月の長女誕生を境に、精神的な揺れが影を潜める。家族に対する責任感から、職業としてのサッカーに真摯《しんし》に取り組むようになったからだ。こうなれば、松田が日本代表のフラット3の一角を占めるのは当然の成り行き。'00年2月のカールズバーグ杯でA代表にデビューして以来、順調に地歩を固めてきた。なかでも昨秋の欧州遠征で完敗したセネガル戦では、数少ない「健闘した選手」の1番手にあげられ、続くナイジェリア戦（2—2）でも「魂を込めたプレー」で評価を新たにしたのだ。

松田はワールドカップで、名だたるFWとの勝負に勝つ姿を世界に流すことによって、海外進出すら狙っている。プラン達成の確率は、低くはない。

中田浩二

鹿島アントラーズ◉DF

◉正確無比のロングパスでゴールも演出！

なかた・こうじ／1979年7月9日、滋賀県生まれ。身長182cm、体重74kg。日本屈指の強豪校・帝京高で3年時、全国選手権準優勝。'98年、鹿島に入団。その後、プロでめざましい成長を見せ、A代表デビューは'00年2月。

日本代表でフラット3の左が持ち場の中田浩は、鹿島ではボランチを務めている。守備力のよさはいうまでもなく、オフェンス面でも重要な役割を果たしている。

とりわけ大きな武器なのは、得意の左足で繰り出す〝ロングパス〟だ。帝京入学後、名将・小沼監督は中学時代にすぐれたＦＷだった中田を、ちゅうちょなくボランチに指名する、彼のオールランドなサッカーセンスを見抜いたからである。いやになるほどロングの練習を重ね、キックの精度をぐんぐん高めていった。鹿島に入ってからは、当時所属していたロングパスの名手、ジョルジーニョ（ブラジル、'94年アメリカ大会の優勝メンバー）を手本に、バリエーションも増やしたのである。

中田のロングパスの威力をまざまざと見せつけたのが、コンフェデ杯（昨年6月）の1次リーグ、対カメルーン戦だ。左サイドを攻め上がった中田は、ペナルティーエリア内に走り込もうとするFW鈴木へ約40メートルのパス！　これが正確に渡り、鈴木のファインゴールを生む。DFに攻撃性を求めるトルシエが喜ばぬはずはない。

ワールドカップについて聞かれた中田は、まずこう応じている。「本番に出られたらいいですね」。控え目すぎると思われるが、次には「ワールドカップの経験をバネにもっと成長したい。そして、2006年も狙いたい」と本心、つまり、今大会を充実したものにしてステップアップをめざしているのだ。2006年の主力はもちろん、あわよくば「海外のクラブへ！」も、もくろんでいるはずだ。

川口能活

ポーツマス（イングランド）◉GK

◉フラット3を支える〝攻撃的な守備〟

かわぐち・よしかつ／1975年8月15日、静岡県生まれ。身長179cm、体重78kg。名門・清水市立商高で全日本ユースと高校選手権の2冠（3年時）を果たし、'94年、横浜マリノス（現F・マリノス）へ。'01年10月、ポーツマスに移籍。

川口の所属するポーツマスは、イングランドの1部リーグ（日本でいうとJ2）である。川口が移籍先にポーツマスを選んだのは「プレミアシップに昇格するために、君の力が必要だ」という説得だった。上を意欲的に狙うチームに魅力を感じし、勇躍、イングランドへと向かう。味方への〝指示出し〟が重要なGKにとって「言葉のカベ」

が特に不安視されたが、初出場以来、まずまずの出来を見せ、次第にレギュラーに定着していった。が、今年に入るとチームの低迷と歩調を合わせるように安定感を欠きついにはベンチ外の立場にすら追い込まれる。まるで、中田英のようだ……。

が、しかし、中田と同様に心配はいらないだろう。川口も精神的にタフで、また調子の崩れをどう修正したらよいか、きちんと心得ている。

そして、本調子の川口はトルシエ・ジャパンに欠かせないのだ。フラット3はDFラインを浅く保つため、DFの裏に広くて危険なスペースが生じる、したがって、GKには判断のよい飛び出しによって、相手のロングボールなどへの対処も求められる。この〝攻撃的な守備〟で川口の右に出るGKは、日本にはいない。

ワールドカップ本番が迫る中、川口は「ワールドカップの登録メンバー（22人）に入ることを考えたい」と、まるで現在のポーツマスの立場を気にしたかのような発言もしている。しかし、これは深読みにすぎるだろう。大言壮語とはまったく縁のない川口の、自信に裏打ちされた〝紳士的発言〟と見るべきである。

WORLD★CUP

6

決勝トーナメント進出なるか!?『トルシエ・ジャパン』の真の実力——!

WORLD★CUP

〝トルシエ・ジャパン〟その〝軌跡〟を検証する――

◉'00年の韓日戦の敗北で〝暗雲〟が立ちこめる

トルシエ・ジャパンの船出は、'98年10月28日のエジプト戦（大阪・長居）である。トルシエ監督は当時の〝実績ある選手〟を中心にセレクトし、先発（11人）のうち8人を、同年のフランス大会メンバーで固めた。彼の代名詞ともなる守備戦術〝フラット3《スリー》〟には斉藤（清水）、井原（浦和）、秋田（鹿島）を配した。試合のほうは1―0でものにし、まずは「よい船出」にすることができたのである。

明けて'99年。トルシエはA代表に加えて、五輪代表（U―23）とユース代表（U―20）の指揮も任される。そのせいもあって、本来の日本代表の強化・指揮に十分な対応ができず、苦戦を強いられた。なかでも、貴重な国際経験を積む場だった南米選手権（6月、パラグアイ）の参戦で、1分け2敗……。数字もさることながら、ゲーム内容も悪く、批判を浴びることになる。

'00年に入ると、2月に行なわれたアジアカップ予選（本大会は10月、レバノン）を格下相手にゆうゆうとクリア。3月にはホーム（神戸）にアジアの強敵・中国を迎え0—0のドロー。ホームでの勝利を狙っていただけに、サッカー関係者にも不満が残った。そして、日本の永遠のライバル・韓国とのアウェー戦（4月26日、ソウル）におもむく。これまで分の悪い韓国、しかも敵地でのシビアな戦い。日本代表の現状=実力とトルシエの力量が試される、ともっぱらだった。

結果は0—1。守勢に回る時間帯が多く、さらには、トルシエの采配もピリッとしたところがなかった。帰国後、徐々に批判が高まっていき、ついには新聞紙上に「解任決定」の活字すら躍る。トルシエの反論、協会首脳陣の否定などなど、大騒動といえる展開で、トルシエは窮地に追い込まれた。

World Cup 6

◉王者フランスに善戦――これを機に上昇気流へ

〝渦中の人〟トルシエは焦燥感を引きずったまま、大一番に向かわねばならなかった。それはモロッコで開催される、ハッサン国王杯。初戦（6月4日）の相手は、ワールドカップ王者のフランスだ。直後に欧州選手権を控えたフランスは、主力選手をズラリとそろえている。キックオフ――王者相手に一進一退の好ゲームを見せ、そして、西沢のファインゴールが「世界を驚かせる」余録《よろく》までついて、後半終盤まで2―1のリード。惜しくも同点ゴールを決められ、PK戦の末、敗れてしまうが、実質的には引き分けであり、内容のよさもあってトルシエ・ジャパンは自信を一気に回復する。余勢を駆って、続くジャマイカ戦は4―0の完勝。

トルシエは〝渦中の人〟を脱し、一夜にして〝高支持率〟の指揮官となった。さらに支持率を高めたのが、アジアカップ（10月）の優勝である。決勝のサウジアラビア戦（1―0）こそ苦戦したが、それ以外はきわめて質の高いゲームを演じ「アジアのレベルは脱した」とまで賞讃された。

'01年は「世界レベルとの比較」である。サッカー大国とのアウェーゲーム、がそれだ。皮切りは、対フランス(3月24日)。善戦が期待されたが、なすすべなく0—5の惨敗。特に守備面で大きな課題を残した。4月25日のスペイン戦では〝守備重視〟の戦術・布陣で挑み、まずまずの手応えをつかんだ(結果は0—1)。

再び、周辺にトルシエに対する不信感が広がったが、日本代表に見つかった課題点に修正を施して、ワールドカップのプレ大会・自国開催のコンフェデ杯に臨む(5月31日開幕)。トルシエ・ジャパンは引き締まった試合を続け、大方の予想と期待をはるかに上回って決勝進出を遂げたのである(決勝はフランスに0—1)。再度、トルシエは高支持率を獲得する。その後はキリンカップなどをへて、10月に欧州遠征でセネガル(0—2)、ナイジェリア(2—2)と戦い〝対アフリカ〟の課題をつかんだ。そして、注目のイタリア戦(11月7日、埼玉、1—1)では気迫の込もったタフなトルシエ・ジャパンを披露して、本番の2002年になだれ込むことになった。

フィリップ・トルシエ――監督としての"実像"に迫る

◉アフリカでの監督業で実績と評価をあげる

まず、フィリップ・トルシエの経歴をご紹介しよう。1955年3月。パリに生まれたトルシエは、ほとんどの子供がそうであるように、サッカーに魅了される。プロ選手になったのは21歳と遅く、DFとしてフランス・リーグの2部チームなどに所属した。闘志を前面に押し出すタイプだったという。しかし、プレーヤーとしての限界を感じたこともあって、27歳で指導者の道へ進む。自国のクラブなどで監督のキャリアを積んだトルシエは'93年、アフリカに活躍の場を求めた。コートジボワールのクラブチームを手始めに、各国の代表監督をも務め、実績を上げていく。

そのいくつかをあげると——評価の高くなかったコートジボワール代表を'94年アメリカ大会の最終予選に導く/ナイジェリア代表を率い'98年フランス大会の出場権を獲得/フランス大会に南アフリカ代表監督として登場——。こうした実績によって、トルシエはアフリカで、〝白い呪術師〟と称されたのである。

ただし、アフリカでの監督業には、困難がつきまとう。ほぼすべての国で、サッカー協会は財政難を抱え主力選手とのトラブルが絶えず、また、監督には「短期間での成果」を求めるため、監督の首のすげ替えが日常茶飯事のように起こる。そうした環境の中、トルシエは自身のサッカー哲学や戦術などをまっとうするために妥協せず、協会の方針に異を唱えたり、あるいは、マスコミや選手との対立を何度も引き起こすことになった。が、先のように結果を残して評価を高めたのである。

'98年フランス大会後、多くのオファーの中から日本代表監督を選ぶ。〝発展途上の〟日本に可能性を感じ、自らの手でランクアップさせる自信もあったからだ。'98年9月、オフト、ファルカンに続く、3人目の外国人監督がお目見えした。

◉激しいやり方によって代表を変革

冒頭でふれたように監督就任以降、トルシエの評価は激しい〝上下動〟を見せた。そして、アフリカ時代とまったく変わらず、妥協のない姿勢で各方面としばしば緊張を生んだ。当然のように、激しい性格なども批判の対象になったのである。

ただし、日本代表が確実にアジアのトップクラスになり、しかも、対戦する強豪国が格下と位置づけていても「あなどってはいけない」「甘く見ると足元をすくわれかねない」と、ぐっと気を引き締めるようになったのは、まぎれもない事実である。これまでの日本代表監督で、ここまでチームを引き上げた人物はいない。何をおいても、その功績を認めなければならないだろう。

それでは、トルシエの実像を、より具体的に見ていくことにしよう。

トルシエは日本人の感覚からすると、信じられないような言行を見せる。たとえば練習中――。選手に対する怒り方は尋常《じんじょう》ではない。顔を真っ赤にさせて目をむき、激しい口調でまくしたてる。日本語にするとののしりであり、また、選手を小突き回したりするのは「いつものこと」である。しかし、これらは計算づくなのだ。日本代表選手ともなればプライドは高く、実績があれば自分の地位は安泰とも考えているはず。トルシエは招集した選手をまずは平等に一線に並べ、その上で悪い部分の指摘を「インパクトを高める」ために激しいやり口で行なうのである。

プライドを傷つけられた選手が口でやり返してくるのは、望むところ。そして、その後のプレーで激しさを見せれば、してやったりだ。要するに、選手は〝言葉〟と〝行動〟で「ファイティング・スピリットの持ち主である」ことを証明しなければならない。トルシエはそんな選手を待っているのであり、また、ワールドカップ本番の生死をかけたような試合で、最後にものをいうのがチーム全体の「ファイティング・スピリット!」であるのを熟知しているのだ。

トルシエはさらに〝日本文化〟にストレートに異議を唱え、仕事をやりやすくしようとした。サッカー協会にさまざまな注文をつけ、日本では難しい「早い決断と実行」を求めた。代表の練習では、日本的な先輩・後輩関係を排するため「さん」づけを禁止した。この延長線上に、スムーズな〝世代交代〟がある。サッカー界も日本企業と似たように、キャリアを重視し新人登用になかなか踏み切れないところがある。トルシエは、メンバー選考でも実際の試合への投入でも、実績やネームバリューにこだわらず、ほぼ完全に実力本位を貫いた。小野や稲本など、'99年ワールドユース準Vメンバーを中心に、若い世代のポテンシャルに早くから注目し、日本サッカー界では例を見ない急激な世代交代を実現させたのである。

◉トルシエの揺るぎない〝サッカー哲学〟とは

トルシエには、独裁者のイメージがある。確かに何事も最終的には自分で決断するが、それまでの過程ではコーチなど側近的な人たちにばかりではなく、トレーナーや協会の総務といった色々な立場の人にも意見を求めるという。サッカーの〝専門家〟とは違う視点で「ハッとさせられる」アイディアなどを期待しているからだ。

そうした合理主義者も、ひとたび自身の〝サッカー哲学〟となると、まさに独裁主義者に変貌する。妥協など、まったく許さないのだ。それではトルシエのサッカー哲学の、主なものを以下に列挙しよう。

◉サッカーにおいて、成功（勝利）へのカギとなるのは、チームワークと組織だったアプローチ（組織力）である。

◉したがって、必要なのは個人の力ではない。

◉チームのパフォーマンス（出来の良し悪し）の60％は、チームワークに起因する。それがワールドカップ本番なら、80％になるだろう。

◉監督には情熱が必要だ。そして、選手を1つの方向に向かわせるためには、厳しさと話を聞くバランスが大切である。

◉客観的なメンバー選抜によって——自分を犠牲にしてチームのためにプレーできる——選手をそろえてなければならない。

◉監督の仕事は、組織（チーム）の調和を図ることにある。そのため、すべての選手はチームの（監督の）規律に従わなければならない。ゆえに、特定のスター選手を特別視することはない（その必要はない）。

◉ワールドカップで成功するポイントは精神面にある。監督はスタッフ全員の、闘う気持ちとチーム・スピリットを100％に高める必要がある。

いかがだろう。トルシエは試行錯誤を繰り返しながら、また、周囲と軋轢《あつれき》も生じさせながら、サッカー哲学の具現化に務めているのである。

◉選手には心身両面の〝力強さ〟が必要だ――

前にも述べたように、トルシエは選手に対して特に〝ファイティング・スピリット〟〝力強さ〟を求めている。それがとりわけ顕著になったのは、昨年3月、フランスに0―5を喫してからだ。

以前からトルシエは、選手の身体能力を高めるトレーニングを行なっている。その中に、DF2人がボールをもつ選手を囲み、パスコースを狭める練習があるのだが、こうした体の接触を伴う練習に、よりいっそう激しさを要求しているのである。激しさのため倒れ込む選手がいると、今まで以上に口をきわめて叱りつける。

フランス戦の惨敗によって、トルシエは選手の身体的な〝力強さ〟のアップ――これを痛感したわけだが、と同時に当然のごとく、メンタル面にも力強さを求めている。トルシエは常々、Jリーグによく見られる次のような光景を、にがにがしく思っていた。接触プレーで選手が倒れ込む。大して激しくはないのにケガをしたかのように。プレーは中断され、選手は担架でタッチライン外に運ばれる。すると多くの場合、短時間(極端だと10秒くらい)の「治療を受けた」だけでピッチに舞い戻る。

セリエAやプレミアシップの試合を見ればわかるように、タックルがいかに激しくても、選手はよほどことがないかぎりゲームを続けている。トルシエは選手の心身両面に、高いレベルの力強さを要求しているのだ。それはやや無理な注文かもしれないが、ワールドカップで成功するには欠かせないのは事実である。

トルシエ・ジャパンの〝可能性〟と〝不安〟をチェックする――

◉ホームのアドバンテージを活かし切る

1次リーグを突破し、決勝トーナメント進出（ベスト16）を期待されるトルシエ・ジャパン。これまでのワールドカップの歴史上、開催国で「1次リーグどまり」の国はないだけに、周囲の期待は〝プレッシャー〟ともいえる。

それではまず、トルシエ・ジャパン（日本代表）の〝可能性〟、いい換えるなら〝強味〟を見ていくことにしよう。

アラビアのロレンス――ご存知の方も多いと思うが、ロレンス（1888〜1935年）はイギリスの中東研究家・探検家で、第1次世界大戦中、オスマントルコの支配に対するアラブの反乱を指導した。彼は強力なオスマントルコ軍に対してゲリラ戦を提案し、次のような言葉を残している。

「砂漠は海であり、ラクダは軍艦である」

お察しのとおり「地の利を活かす」ということである。今大会、地元開催（ホーム）の日本代表に書き換えると、砂漠＝海は〝6月の天候〟であり、ラクダ＝軍艦はサッカー関係者を含む広い意味での〝サポーターの後押し〟だ。これは大きなアドバンテージである。なかでも、試合の行なわれる6月の天候を見てみると、平均最高気温は25度、湿度79％、不快指数は50％以上の人が「不快」と感じるレベルになる。

各国とも、この東アジア特有の蒸し暑さに対処するため、さまざまな工夫をこらしたユニフォームを準備している。しかし、特に欧州のチームにとっては、初体験といえる悪環境は明らかなハンディだ。選手のパフォーマンスの低下は想像にかたくない。に対して、日本代表には改めて指摘するまでもなく、慣れがあるわけでパフォーマンスの低下率は他国に比べ、ぐっと抑えられている。

こうしたホームの利を活かし切るためにも、ワールドカップ本番に向けて、チームのテクニカル、フィジカル両面のコンディションを良好に保ち、集中力も高めていって、大会突入時にそれらのすべてが「マックスになる」ようにしなければならない。トルシエに、ぬかりはないはずである。

◉人材豊富なMF陣が日本活躍の基盤！

日本代表の基本システムは、3—5—2。具体的にいうと、3人のDFがフラットに並び、中盤（MF）5人のうち、低い位置に2人、両サイドに2人、そして上がり目（トップ下）に1人を配置し、2人のFWがMF陣とからみ合う。

日本代表は、中盤に人材がそろい、強豪に互していけるだけのレベルをもっている。低い位置（ボランチ）の稲本、戸田は安定感があり、右サイドの波戸はディフェンス重視だが、機を見ての攻め上がりに切れがある。左サイドの小野は武器のパスワークに加え、オランダの経験でタテへの突破やゴールへの意欲が増し、守備力もアップした。そして、トップ下（司令塔）の中田英寿。現在の暗雲を振り払い、本番ではその〝キラーぶり〟を発揮するはずだ。

　こうした先発の予想される選手以外にも、遜色《そんしょく》のない力をもつ人材が多く、対戦相手や試合展開などによって、バリエーションのある布陣が可能である（小野はトップ下、右サイドでの起用もとりざたされている）。トップ下には森島、左サイドでは名波、中村、三都主、右サイドには伊東、ボランチは先にもあげた名波、伊東——。

　本大会では2《ツー》トップに厳しいマークのつくことが確かなだけに、ＭＦ陣の前への飛び出しや両サイドからのアタックが必要である。現状を維持し、さらにはコンビネーションをより固めていけば、日本活躍の原動力になるのだろう。

　攻撃面でもう1つ、日本の大きな武器になるのが、ペナルティーエリア周辺で得たＦＫ（フリーキック）だ。距離がかなりあっても、直接ゴールインさせるテクニックとパワーをもつ選手がいるからである。中田英、小野、中村、名波、三都主などがＦＫの使い手であり、距離や角度によってキッカーを変えることもできる。トルシエが

ＦＷ陣に「相手ＤＦの激しいマークを恐れずボールをキープし、あわよくばファウルをもらえ」といった要求を出すのも、ゴール周辺でのＦＫの価値を考えてのこと。Ｊリーグでも流れの中でのゴールチャンスは数少ない。ワールドカップともなれば、さらに減少するのは明白だ。日本のＦＫに要注目、である。

◉フラット3は「両刃の剣……」

日本代表の守備のベース〝フラット3《スリー》〟を説明したい。

3人のＤＦがほぼフラット（平行）に並んでラインをそろえ、状況に応じてラインを上下動させる。相手ＦＷがＤＦと並び〝飛び出し〟を図れば、タイミングよくラインを上げて〝オフサイド〟をとり、危険を未然に防ぐ。ラインコントロールが巧妙に行なえれば、きわめて効果的なシステムである。

就任以来、トルシエはフラット3の浸透に努めた。そして、フラット3をベースにボランチや左右のＭＦが連係し合う〝組織的な〟守備力がアップしているのは、事実である。選手の判断力が磨かれ、相互のカバーリングが進歩したからだ。

ただし、前々から指摘されているフラット3の〝問題点〟への対策が十分ではない。

第1に、フラット3でオフサイドをとろうとする際、相手FWがスピードがある上にマークをはずす動きにたけていれば、ラインコントロールにいかに注意していても、その組織力は個人の力で破られてしまう。昨年のフランスとの試合では、それが白日のもとにさらされた。ワールドカップで対戦する国には、フランスほどではないにしても、ハイレベルなFWがいるのだ。

第2に、構造的ともいえる問題点である。日本は基本的に左右のMFが前に張り出すため、どうしてもフラット3（DF3人）の両サイドに広いスペースができてしまう。当然、相手は両サイドを突くことを考え、特にサイドアタッカーが優秀なチームには繰り返し攻め込まれ、あわやというシーンに直面する。これも強豪国との対戦であらわになり、とりあえずは左右のMFを引きぎみにした、実質的な5バック（DF）で対処している。しかし、これだと攻めに人数がさけず、へたをするとカウンター攻撃1本やりに落ち入ってしまう。5バック以外の効果的な対応策。なかなか難しい課題だが、システムとして〝4バック〟もオプションに加えるなど、残された時間の少ない中、トルシエの手腕が問われている。「フラット3は両刃の剣」というのがトルシエ・ジャパンの最初の〝不安〟に他ならない。

◉ワールドカップでは、〝汚さ〟も必要だ……

本大会1次リーグでは、3試合を行なう。すべてを「勝ちにいく」のではなく、対戦相手との力関係や初戦を終えての星勘定、あるいは試合の流れによって「引き分けにもち込む」必要性は高い。実際、1次リーグ突破には「1勝2分けがノルマ」との声が強い。いうまでもなく、国際舞台では引き分けによる1ポイントがきわめて重要であり、各国の監督はチームに「いかに勝つか」にプラス、「いかに引き分けるか」を理解させ実行させることに腐心している。

ところが、ご存知のようにJリーグは「90分間での引き分け」を重視していない。

日本代表のほとんどの実戦は、Ｊリーグのゲームである。選手としてのメインステージで、引き分けの大切さや引き分けるためのすべを体にしみ込ませることができないのは、やはり大きなマイナスだ。昨年のスペイン戦でも、試合終盤まで０―０でしのぎながら失点を喫した理由の１つに「引き分けの経験のなさ」をあげて構わないだろう。日本サッカー界がもたらさせた、不安材料である。

さて、昔から日本のサッカーは「クリーンだ」といわれてきた。フェアプレー精神の発露というべきか、汚いプレー、意識的な反則などが少ない。と同時に激しさの不足も指摘されていたのだが、Ｊリーグの発足やトルシエの指導もあって、選手にもゲーム内容にもサッカーの魅力である激しさが表現されるようになった。

ただし、ワールドカップではギリギリの戦いが強いられ「このワンプレーを反則をしてでも抑えなければ失点につながる!」というシーンに必ず直面する。たとえば、'94年アメリカ大会のアジア最終予選。「ドーハの悲劇」として語り継がれるイラク戦は、ロスタイム入りまで１―０でリードし、このままもちこたえれば念願の初出場だったのだが、コーナーキックを与えてしまい、まさかの同点ゴール……。確かに悲劇には違いない。しかし、失点は防げたかもしれないのである。

コーナーキックを与える場面の前、右サイドでボールをキープするイクラ選手に対しマークする位置にいたのは三浦カズ。むろん三浦は当たりにいったが、ハードさが足りず抜き去られ、その後、他の選手がゴールラインに出しコーナーキックとなった。三浦がもし、反則覚悟で猛アタックしていたら……うまくボールを奪取したか、タッチラインに蹴り出していたか、反則をとられプレー中断になったか……状況はいろいろ想定できるが、ロスタイム入りというゲームの流れを考えると、コーナーキックを与えた現実よりも、失点の確率はぐっと低く、タイムアップの笛をそのまま聞けた確率は逆に高かったはずである。

汚いプレーや意識的な反則は、決してほめられるものではない。しかし、セリエAなど世界のトップリーグでは、ここぞというところで選手は〝汚い手〟を使ってでもチームのピンチを救うことに、ちゅうちょは見せない。プロとして当然、とまで考えている。世界に互していくには、必要なファクターなのである。

ひるがえって、日本代表だ。トルシエの指導もあり、選手は激しく闘志あふれるプレーをピッチに展開してきている。が、正直なところ、今まで述べてきたようなずる賢い〝土壇場のプレー〟を発揮するまでには至っていない。先の「引き分けの経験のなさ」と同じく、修羅場的な国際試合の経験不足が根本にある理由である。現在の代表メンバーには失礼ないい方かもしれないが、この解決には時間が必要であり「2006年に向けた課題」としておきたい。

◉「よりいっそう集中力を高めよ!」

これまでひととおり、トルシエ・ジャパンの〝可能性(強味)〟と〝不安〟を検証してきた。これ以降では、まとめの意味も含めて、日本代表選手とトルシエに対する提言を述べていくことにしよう。

まずは、世界的プレーヤーの日本評からご紹介したい。

World Cup 6

イタリアのカンナバーロ（DF）は、日本の攻撃について「攻めのテンポが速く、なかなかいいチームだ」と評価している。

次は、カリスマ的GKチラベルト（パラグアイ）である。彼の日本へのアドバイスは、きわめて示唆に富んでいる。

「きれいなプレーばかりではなく、もっとずる賢く試合に臨み〝ファイティング・スピリット〟をぐいぐい前面に出さなければならない」

さらに、DFに対して、より具体的に語りかける。

「DFは、よりいっそう集中力を高めることが必要だ。たとえば、相手選手が水を飲みにピッチの外に出ても〝追いかけてプレスをかける〟ぐらいの強い気持ちでやらなければ、ワールドカップで結果は残せない」

この言葉をトルシエが聞いたら、即座に「同感！」というはずである。

サッカー選手ではないが、世界の一流アスリートの言葉にも耳を傾けてみよう。棒高跳びで次々と世界記録を塗り変えたセルゲイ・ブブカ（ウクライナ）は、自身の現役時代を振り返って、こう語っている。

「気力が衰えてくると、どんなに高い技術をもっていても勝てないもの」

そして、'91年の世界陸上(東京)で、肉体的にはカカトの故障を抱え、当時、母国ソ連ではクーデターが発生し、精神面でもマイナスだったにもかかわらず、優勝は無理との下馬評をくつがえせた理由を述べている。

「優勝できたのは、強い精神力のおかげだと思う。自分自身を乗り越えて〝どうしてもやり遂げるのだ!〟という気持ちが大切だ」

チラベルトのコメントと一脈通じる内容である。

最後に、スポーツノンフィクションの名手、山際淳司さんの作品の一節を引用したい。甲子園をわかせた強豪校の名監督が、自分たちより実力が上で優勝候補にあげられていた相手と、延長戦にもつれ込んだ時の述懐である。

……(選手を萎縮《いしゅく》させないために)〝負けたら、おれが責任をとるから、練習でやったとおりにやれ〟とだけいい続けたんですね。

負けても勝ってもよかった。選手にはいいませんでしたが、○○を相手にして勝てるとは思っていませんでしたから……。

＊（　）内は筆者挿入、○○は校名を筆者が変更

トルシエ監督が緊迫した試合のハーフタイムの控え室で、疲れ切った表情のイレブンに、似たような語りかけをしたら……。

いや、それは現実になって、好結果でタイムアップを迎えるかもしれない。

WORLD★CUP

7

1次リーグ各組で勝ち抜くのはどこだ――!?

WORLD★CUP

H組

日本
ベルギー
ロシア
チュニジア

◉〝最高の状態〟で臨んだ日本、1次リーグ突破！

日本＝2大会連続2回目出場（'98年＝1次リーグ敗退で3戦全敗、FIFAランク＝35位）／ベルギー＝6大会連続11回目出場（'86年＝4位、FIFAランク＝20位）／ロシア＝2大会ぶり9回目出場（ソ連時代も含む。'66年＝4位、FIFAランク＝22位）／チュニジア＝2大会連続3回目出場（'78年、'98年＝いずれも1次リーグ敗退、FIFAランク28位）

日本の1次リーグ突破なるか。いうまでもなく、H組の焦点はこれにつきる。これからH組の展望をするにあたっては、次の前提に立つことにしたい。日本代表が前章で検証した〝強味（可能性）〟を最低限維持し、〝不安〟な点は少しでも取り除いて本大会に臨む――つまり、日本が主力を欠くことなく、テクニカル面、フィジカル面、メンタル面のすべてにおいて、考えうる最高のコンディションで本番に突入する、ということである。もちろん、かなり難しい条件なのだが。

さて、初戦（6月4日）のベルギー。守備がタイトなのが最大の特徴だ。大型・長身のDFがそろい、当然、フィジカル的に強く、ヘッドの防衛戦にもひい出ている。日本の2《ツー》トップ、柳沢と高原は、まずは当たり負けせず前線でボールをキープし、両サイドに入るMFにはたいてチャンスメークを考えるべきだ。そして、もくろみどおりのサイド攻撃からのセンタリングは、低く強いボールを多用しなければならない。高いボールだと、空中戦のパワーの差から容易にはね返されるからだ。

中盤（MF）の構成力は、ほぼ互角。ただし、どうしても、〝実力者〟中田英への相手側のケアは厳しいものになるだろう。したがって、中田がボールを受けに「下がる」シーンが多くなり、日本の武器である彼の〝キラーパス〟も、必然的に減少せざるを得ない。そのマイナス面を、小野のパスワークや稲本の効果的な攻め上がりなどでカバーできるか、が大きなポイントになるはずである。

ベルギーのアタックには、手に負えないような〝すごさ〟はない。しかし、FWのムペンザ、ビルモッツには数少ないゴールチャンスを押し込む、したたかさがある。日本DF陣は第1に、この2人への目配りに神経を集中し、その次は相手のサイド攻撃に、それこそ「試合開始直後から」ぬかりなく対応しなくてはならない。そうすれば、無失点でタイムアップを迎えられる可能性はかなり高い。

【日本】予想スタメン

初戦の重要性は、誰もが指揮すると

【ベルギー】予想スタメン

ころ。勝利の勝ち点3をゲットして、余裕をもって次の難敵ロシア戦を迎えたいのはやまやまだ。しかし、トータルな力関係から見ると「引き分けでよし」として「あわよくば勝ちを」というゲームプランでベルギー戦に入るべきである。勝ちにこだわりすぎてチームが〝前がかり〟になると、ベルギーは欧州らしい「ロングボール1本での得点」をあげかねない。

ワールドカップにおける勝ち点1の重要性は、すでにふれたとおりである。そして、2位で1次リーグを突破するには「1勝2分けが必要」と予想されている。とりあえずは引き分けて、ノルマ達成の第1歩をしるさなくてはならない。

第2戦（6月9日）の相手はロシアである。「H組で最強」といわれ、それはまぎれもない事実。MF陣のモストボイ、カルピン、チトフなどは欧州でも「一流！」の定評をもち、その他の選手もあなどれない力を発揮する。ソ連時代と同様に、スピーディーなサッカーを展開し、攻守とも組織だっていて穴は少ない――。冷静に判断して、ロシアの実力は日本をかなり上回っている。したがって、ゲームプランは「引き分け狙い」である。負けを喫すると、1次リーグ突破の星勘定は、他国の成績とのからみできわめて微妙になってしまう。先にいうと、最終（6月14日）のチュニジア戦は「必勝を期す」ことが絶対的に求めら

【ロシア】予想スタメン

【チュニジア】予想スタメン

れるのだが、ロシア戦に敗れると、たとえば「3点差以上の勝利が必要」といった非常にプレッシャーのかかる状況に追い込まれかねない。それを避ける意味でも、ロシアから勝ち点1は至上命題なのである。

そのチュニジア。アフリカ勢らしい個人技と身体能力の高さをもっているが、しかし昨年、日本が対戦したセネガルやナイジェリアと比較すると、サッカーのスケールは格段に小さい。勝利の確率は70％と見た。

冒頭に述べた条件――〝最高の状態〟の日本代表であれば、2位での決勝トーナメント進出は、さして困難ではないはずだ。サポーターは、それを願っている。

A組

フランス
セネガル
ウルグアイ
デンマーク

◉セネガルの〝出来〟によって2位争いは混沌

フランス＝2大会連続11回目出場（'98年＝優勝、'58年、'86年＝3位、'82年＝4位、FIFAランク＝1位）／セネガル＝初出場（FIFAランク＝67位）／ウルグアイ＝3大会ぶり10回目出場（'30年、'50年＝優勝、'54年、'70年＝4位、FIFAランク＝22位）／デンマーク＝2大会連続3回目出場（'86年、'98年＝ベスト8、FIFAランク＝17位）

前回王者であり、'00年欧州選手権も制したフランス（予想スタメンはP55参照）。最近の調子、選手層の厚さからいって〝1位〟での決勝トーナメント進出は既定方針といってよい。ただ、要注意なのが、開幕戦の相手セネガルである。開幕戦の独特の雰囲気やプレッシャーが影響して、これまでも開幕戦では番狂わせが起こっている。しかもセネガルは初出場ながら、アフリカ勢のパワフルさに組織プレーが加わった、今大会の注目株。その強さは昨年、日本が0—2で完敗したことでも証明されている。フランスが敗れる可能性は小さいが、もし現実となった場合は、セネガルが一気に決勝トーナメント進出候補にのし上がるだろう。

他の2チーム、デンマークとウルグアイの戦力は拮抗《きっこう》している。デンマークはコントロールタワー・トマソンとFWサントを軸に、シビアな欧州予選を勝ち抜いた。一方の南米の古豪ウルグアイは、伝統ともいえる守備力をベースに、今大会は切り札のレコバ（MF）を擁している。初戦の直接対決の結果が、その後を大きく左右するはずだ。いずれにせよ、1次リーグの2位を占めるのは「デンマークかウルグアイ」のどちらかだが、セネガルが先にふれたように開幕戦を制するか、いい内容での引き分けで自信を深めると、2位争いは混沌としてくる。

B組

スペイン
スロベニア
パラグアイ
南アフリカ

◉スペインが前回大会の屈辱を晴らす！

スペイン＝7大会連続11回目出場（'50年＝4位、'34年、'86年、'90年、'94年＝ベスト8、FIFAランク＝7位）／スロベニア＝初出場（FIFAランク＝27位）／パラグアイ＝2大会連続出場6回目出場（'86年、'98年＝ベスト16、FIFAランク11位）／南アフリカ＝2大会連続2回目出場（'98年＝1次リーグ敗退、FIFAランク＝34位）

このグループ各国を実力で色分けすると「スペイン（予想スタメンはP75参照）とパラグアイがAランクで、スペインが頭1つ出ている。そして、スロベニアがBランク、南アフリカがCランク」ということになる。

まずスペインは、前回大会では優勝候補の呼び声も高かったが、まさかの1次リーグどまり。FWラウル、DFイエロなど、当時の屈辱を知る主力も多く残っており、今大会の〝集中力〟には並々ならぬものがある。前回のテツは踏まない。パラグアイは前回、決勝トーナメント1回戦でフランスと相まみえ、互角の勝負を展開した末、ゴールデンゴール負けで涙を飲んだ。その時の中心メンバーがほとんど今回も参戦。さらには、若手の点取り屋サンタクルスが秘密兵器的な存在である。

旧ユーゴから独立して10年のスロベニア。クロアチアと同様、選手には旧ユーゴらしいテクニシャンが並び、なかでも司令塔のザホビッチはパスセンス、ゴールセンスとも一級品で、今大会、ブレイクの芽も小さくない。が、先の2カ国のどちらかを引きずり降ろすだけの底力は、まだない。南アフリカは、前回出場時のチーム力と対比させても、攻守ともレベルは低下ぎみ。波乱を起こすことは期待できそうもない。

スペイン、パラグアイの1位争奪戦。これが順当なところである。

C組

ブラジル
トルコ
中国
コスタリカ

◉〝不調〟といえど、王国ブラジルの1位は確定的

ブラジル＝17大会連続17回目出場（'58年、'62年、'70年、'94年＝優勝、'50年、'98年＝準優勝、'78年＝3位、'74年＝4位、FIFAランク＝3位）／トルコ＝12大会ぶり2回目出場（'54年＝1次リーグ敗退、FIFAランク＝23位）／中国＝初出場（FIFAランク＝55位）／コスタリカ＝3大会ぶり2回目出場（'90年＝ベスト16、FIFAランク＝30位）

南米予選で歴史的な苦戦を強いられた、サッカー王国ブラジル（予想スタメンはP67参照）。現在も、特に2《ツー》トップの〝人材不足〟が指摘され、ロナウド復調への期待、

ロマーリオ待望論が静まっていない。もしも強豪ぞろいの組に入ってしまったら1次リーグで脱落の大事件も……こんな悲観論も少なくなかったが、今回の組分けの結果に国民は「自信を回復」した。従来のブラジルに比べると、絶対的な信頼感には欠けてるものの、この組の1位獲得は、まずは間違いない。

2番手をめざす3カ国の中で、もっとも近い位置にいるのがトルコだ。トルコは近年、代表はパワーアップを果たしている。多くの選手が欧州の一流クラブに移籍し、高いレベルでの経験を積むことで、代表の質をいちぢるしく向上させているのだ。'00年欧州選手権でベスト8入り、が実力者ぶりの証拠である。コスタリカは中北米予選の決勝リーグを1位で通過。個人技のレベルは高く、得意のカウンター攻撃に加えて今回は、FWに得点力のあるテクニシャンも擁して攻めの幅も広がった。評価の高いトルコにとって、まずマークしなければならない危険なチームだ。最後の中国は知将ミルチノビッチのもと、攻守にわたって整備され、アジアのトップクラスの座についた。知将の手腕で旋風も、の期待もあるが、やはり疑問符がつく。

D組

韓国
ポーランド
アメリカ
ポルトガル

◉魅惑的なサッカーでポルトガルが勝ち点を重ねる

韓国＝5大会連続6回目出場（すべて1次リーグ敗退で通算4分け10敗。FIFAランク＝43位）／ポーランド＝4大会ぶり6回目出場（'74年、'82年＝3位、FIFAランク＝33位）／アメリカ＝4大会連続7回目出場（'30年＝4位、'94年＝ベスト16、FIFAランク＝20位）／ポルトガル＝16年ぶり3回目出場（'66年＝3位、FIFAランク＝4位）

今大会、ポルトガル（予想スタメンはP77参照）は、世界のサッカーファンからの熱視線を浴びている。ワールドカップ出場回数こそ少ないが、現代表は、文字どおり

7 各組で勝ち抜くのはどこだ――!?

〝才能の集合体〟だ。MFのフィーゴ、ルイ・コスタをリーダーに華麗かつ力強いサッカーを披露する。つまり「魅惑的なサッカーをしつつ」勝てるチーム。結論を先にいうと、ポルトガルのトップ通過に異論を差しはさむ余地は、まったくない。

さて、日本と同じく、決勝トーナメント進出が〝至上命題〟といえる韓国。元オランダ代表監督の大物ヒディングを迎え、欧州スタイルの組織力熟成に努めてきた。まだ試行錯誤を繰り返しているが、韓国にはポテンシャルの高い選手が多く吸収力も十分。本番で、まずは悲願の初勝利をあげ、その余勢を駆って「D組2位の座!」も決して夢ではない。この韓国の前に立ちはだかるのが、ポーランドである。'70年代の黄金期と変わらずスピード豊かな〝堅守速攻〟が最大の売り物で、オリサデベという欧州予選で注目の的となったエースもいる。韓国との勝ち点争いは微妙な展開になりそうだが、いわゆる国際経験の差でポーランドが逃げ切る可能性が高い。韓国の金看抜の粘りに期待したい――。アメリカは主力の多くが欧州リーグにいるため、予選をベストメンバーで戦えず、チームの完成度がいまひとつで〝上〟は狙えないだろう。

E組

ドイツ
サウジアラビア
アイルランド
カメルーン

◉カメルーン、アイルランドが2枚目の切符を争う

ドイツ＝13大会連続15回目出場（'54年、'74年、'90年＝優勝、'66年、'82年、'86年＝準優勝、'34年、'70年＝3位、'58年＝4位、ＦＩＦＡランク＝11位）／サウジアラビア＝3大会連続3回目出場（'94年＝ベスト16、ＦＩＦＡランク＝30位）／アイルランド＝2大会ぶり3回目出場（'90年＝ベスト8、'94年＝ベスト16、ＦＩＦＡランク＝18位）／カメルーン＝4大会連続5回目出場（'90年＝ベスト8、ＦＩＦＡランク＝38位）

世代交代の途上にあるドイツ（予想スタメンはＰ73参照）。かつての〝崖っぷちの

強さ〟を知るサッカーファンが物足りなさを感じるのは致し方ないだろう。しかし、ドイツ・サッカー界の威信にかけて、本番には攻守とも「戦える」状態で参戦するはずである。そして、他チームとの力関係から見て、1次リーグのクリアは当確といってよく、さらには、ワールドカップでの戦い方を熟知している点を評価し、1位の座を予想する関係者が多数派だ。ドイツに追随するのが、アフリカの雄カメルーン（予想スタメンはP81参照）と、欧州でも一目置かれるアイルランドである。どちらが決勝トーナメントへの2枚目のチケットをつかむか――目の離せない展開は必至だ。

カメルーンはFWエムボマを筆頭に、前線・中盤には破壊力のある選手が目白押しで、一方のアイルランドは堅いディフェンスはもちろんのこと、中盤のロイ・キーンを核にアタッキングでも曲者《くせもの》ぶりを発揮する。直接対決の成り行きがターニング・ポイントである。アジアの強豪サウジアラビアは、組織だったカウンター攻撃が活路を見いだす武器。しかし、活躍した'94年大会（ベスト16入り）のチーム力にはとどいていないため、よくて2位争いのかき回し役、といったところだ。

F組

アルゼンチン
ナイジェリア
イングランド
スウェーデン

◉"死のグループ"——しかしアルゼンチンは別格

アルゼンチン＝8大会連続13回目出場（'78年、'86年＝優勝、'30年、'90年＝準優勝、FIFAランク＝2位）／ナイジェリア＝3大会連続3回目出場（'94年、'98年＝ベスト16、FIFAランク＝40位）／イングランド＝2大会連続11回目出場（'66年＝優勝、'90年＝4位、'54年、'62年、'70年、'86年＝ベスト8、'98年＝ベスト16、FIFAランク＝10位）／スウェーデン＝2大会ぶり10回目出場（'58年＝準優勝、'50年、'94年＝3位、'34年、'38年＝ベスト8、FIFAランク＝16位）

ワールドカップや海外のサッカーに興味をもっている人なら、この4カ国の名をチラッとながめただけで〝死のグループ〟であることはおわかりだろう。どの国も「もう少し楽な組」に入っていたら、2位通過にあまり苦労はしない。

ただ、死のグループ中、ほぼ100%の確率で決勝トーナメントに駒を進める国がある。それはアルゼンチン（予想スタメンはP81参照）。まさに、ドリームチームの陣容で、死角を見つけるのが不可能なほどだ。したがって、2位を巡る争いが熾烈をきわめることになる。ナイジェリア（予想スタメンはP79参照）は、調子の波が大きい欠点はあるものの、FWカヌ、MFオコチャといったワールドカップ常連組が有能な若手を支える。前回大会以上のレベルともっぱらのイングランド（予想スタメンはP71参照）は人気、実力兼備のMFベッカムとFWオーウェンが大車輪の活躍を見せれば、優勝の栄光すら引き寄せるかもしれない。残るスウェーデンも、欧州予選10試合で失点3と堅守を誇り、攻撃力のほうも欧州の一流国に互すだけのものをもつ。

3チームのうち、どこが抜け出すのか。「どこかが得失点の差で2位に」という、ドラマチックな終幕を迎えることだけは確かである。

G組

イタリア
エクアドル
クロアチア
メキシコ

◉イタリアは余裕をもってトップ通過を達成――

イタリア＝11大会連続15回目出場（'34年、'38年、'82年＝優勝、'50年、'70年、'94年＝準優勝、'90年＝3位、'78年＝4位、FIFAランク＝6位）／エクアドル＝初出場（FIFAランク＝37位）／クロアチア＝2大会連続2回目出場（'98年＝3位、FIFAランク＝19位）／メキシコ＝3大会連続12回目出場（'70年、'86年＝ベスト8、'94年、'98年＝ベスト16、FIFAランク＝9位）

イタリア（予想スタメンはP63参照）の前評判が非常に高い。それも当然で、F組のアルゼンチンに遜色のない豪華な選手を擁し、しかも、各ポジションにレギュラーに匹敵する選手を抱えるという、選手層の厚さを誇っている。その上、組み合わせに恵まれたのは明らかであり、イタリアが余裕をもってトップで決勝トーナメントに姿を現わすのは決定的だ。1、2戦の結果次第では、最後のメキシコ戦では決勝トーナメントに備えて主力を休養させ、他の選手に実戦の場を与える光景が見られるだろう。

対する3チームの中で、メキシコの力が劣るのは否めない事実。前回大会、決勝トーナメント入りするなど、出場した大会では実績を残している伝統国だが、今回のチームは新旧交代がスムーズにいかず、北中米予選で高いパフォーマンスを見せることができなかった。クロアチア、エクアドルの後塵《こうじん》を拝するだろう。

旧ユーゴのクロアチアは前回大会、予想を越える出来のよさを続け「初出場で3位」の輝かしい足跡を残した。ただ、FWの決定力がやや低下している点が、当時のチームとの差ではある。初出場のエクアドルは、南米予選2位通過の自信は大きく、MFアギナガを中心に〝台風の目〟になり得る勢いがある。最終戦の直接対決によって天国か地獄かが決まる、シビアな展開になるかもしれない。

1次リーグ(5/31～6/14) ———— 韓国

A組[グループA]

	フランス	セネガル	ウルグアイ	デンマーク
フランス		5/31 20：30	6/6 15：30	6/11 15：30
セネガル	ソウル		6/11 15：30	6/6 20：30
ウルグアイ	釜山(プサン)	水原(スウォン)		6/1 18：00
デンマーク	仁川(インチョン)	大邱(テグ)	蔚山(ウルサン)	

B組[グループB]

	スペイン	スロベニア	パラグアイ	南アフリカ
スペイン		6/2 20：30	6/7 18：00	6/12 20：30
スロベニア	光州(クァンジュ)		6/12 20：30	6/8 15：30
パラグアイ	全州(チョンジュ)	西帰浦(ソギボ)		6/2 16：30
南アフリカ	大田(テジョン)	大邱	釜山	

1次リーグ（5/31〜6/14）――――――――― 韓国

C 組［グループC］

	ブラジル	トルコ	中国	コスタリカ
ブラジル		6/3 18：00	6/8 20：30	6/13 15：30
トルコ	蔚山		6/13 15：30	6/9 18：00
中国	西帰浦	ソウル		6/4 15：30
コスタリカ	水原	仁川	光州	

D 組［グループD］

	韓国	ポーランド	アメリカ	ポルトガル
韓国		6/4 20：30	6/10 15：30	6/14 20：30
ポーランド	釜山		6/14 20：30	6/10 20：30
アメリカ	大邱	大田		6/5 18：00
ポルトガル	仁川	全州	水原	

E組[グループE]

	ドイツ	サウジアラビア	アイルランド	カメルーン
ドイツ		6/1 20：30	6/5 20：30	6/11 20：30
サウジアラビア	札幌		6/11 20：30	6/6 18：00
アイルランド	茨城	横浜		6/1 15：30
カメルーン	静岡	埼玉	新潟	

F組[グループF]

	アルゼンチン	ナイジェリア	イングランド	スウェーデン
アルゼンチン		6/2 18：30	6/7 20：30	6/12 15：30
ナイジェリア	茨城		6/12 15：30	6/7 15：30
イングランド	札幌	大阪		6/2 14：30
スウェーデン	宮城	神戸	埼玉	

1次リーグ(5/31〜6/14) ――――――― 日本

G組[グループG]

	イタリア	エクアドル	クロアチア	メキシコ
イタリア		6/3 20：30	6/8 18：30	6/13 20：30
エクアドル	札幌		6/13 20：30	6/9 15：30
クロアチア	茨城	横浜		6/3 15：30
メキシコ	大分	宮城	新潟	

H組[グループH]

	日本	ベルギー	ロシア	チュニジア
日本		6/4 18：00	6/9 20：30	6/14 15：30
ベルギー	埼玉		6/14 15：30	6/10 18：30
ロシア	横浜	静岡		6/5 15：30
チュニジア	大阪	大分	神戸	

【決勝トーナメント 6/15～6/30】

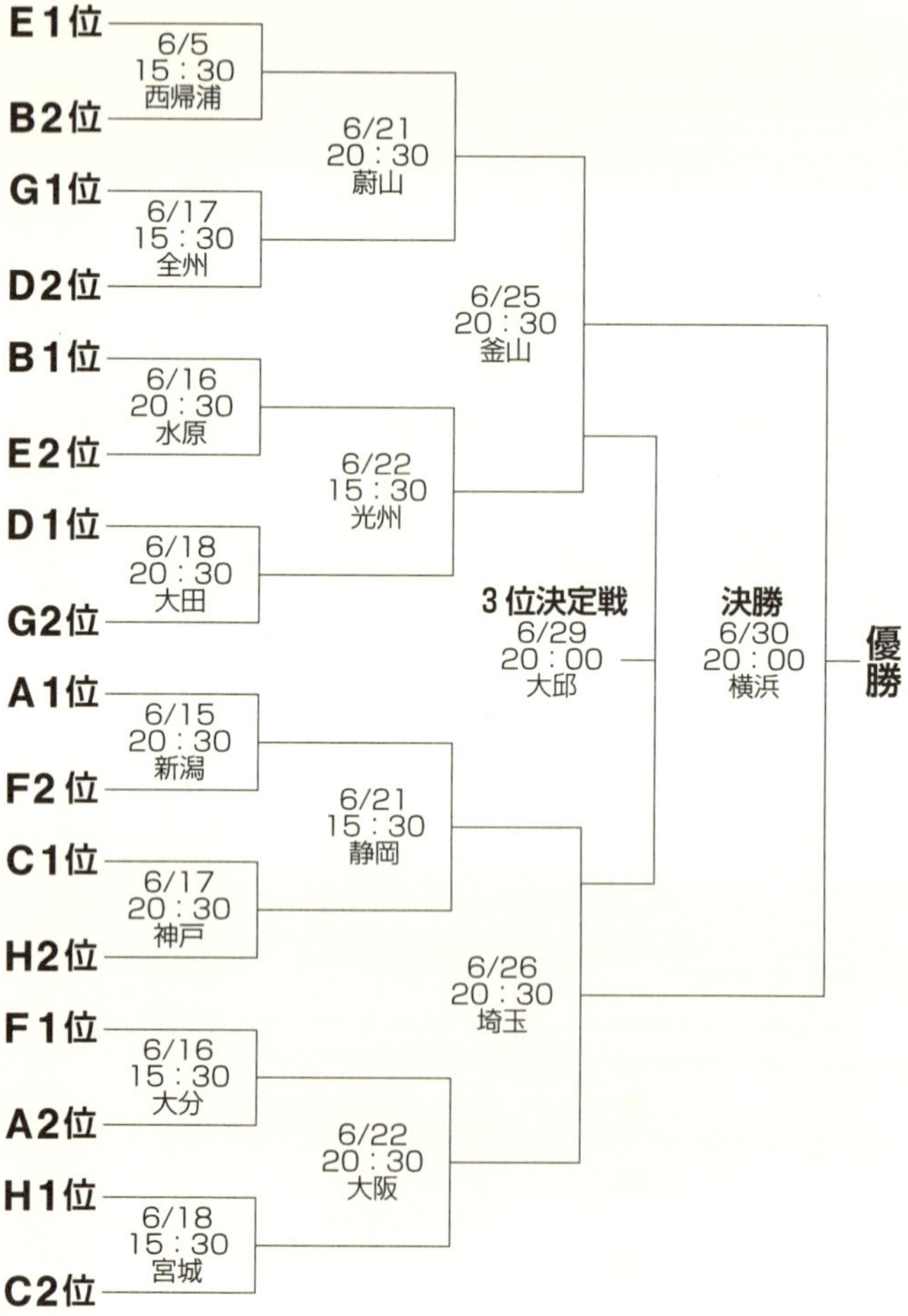

2002年サッカー・
ワールドカップ必勝ガイド!!

2002年3月20日　初版第1刷発行

編者　サッカー・ライターズ
発行者　鈴木 実
発行所　21世紀BOX（21th Century BOX）
発売元　太陽出版
東京都文京区本郷4-1-14　〒113-0033
電話 03-3814-0471　FAX 03-3814-2366
http://www.taiyoshuppan.net/

印刷　壮光舎印刷株式会社
製本　井上製本
製版　斉藤隆央プロジェクト
装幀　ワイルド・ハニー・グラフィック